AQUARIUS

AQUARIUS

AQUARIUS

AQUARIUS

Vision

一些人物，
一些視野，
一些觀點，
與一個全新的遠景！

母愛創傷

Mothers Who Can't Love : A Healing Guide for Daughters

走出無愛的陰影，給受傷女兒的人生修復書

【美國版《情緒勒索》作者】

蘇珊・佛沃（Susan Forward, PhD）

& 唐娜・費瑟（Donna Frazier Glynn）◎著　葉佳怡◎譯

推薦序

因愛而傷，由愛重生

文◎黃惠萱心理師（FB「心理師與女人聊心室」版主．商業周刊良醫健康網「心理師與女人談心室」專欄作家）

母親的「妳」，成為女兒的「我」

「我可以不要再談我媽了嗎？為什麼我花錢來治療，卻一直在談她？」

聽到個案這麼說時，我總是輕輕點頭，表示支持，並在心裡苦笑，想著：「不談母親很簡單，困難的是談自己時，卻發現每一處都有母親留下的痕跡。」

就像本書作者蘇珊．佛沃所言，年幼的孩子會全盤接受母親傳遞的正、負向訊息，藉此建立對自己的核心認知，所以母親的「妳」，就成為女兒的「我」。每一個踏上自我療癒之路的女兒，都需要仔細看看母女關係究竟帶給了自己什麼樣的影響。

《母愛創傷——走出無愛的陰影，給受傷女兒的人生修復書》這本書的前半部，主要是「辨識母愛創傷」，作者將「無愛母親」分成五類，透過大量的個案故事，幫助讀者了解自己與母親。

雖然是看著別人的生命故事，但讀者可以透過閱讀感受到自己被理解，因為有些生命中深刻而隱密的痛苦，即使是摯友或親密伴侶可能都無法感同身受，唯有透過閱讀有共同經驗和背景的故事，才能得到共鳴。

閱讀是非常好的自我療癒方式，有些個案會跟我分享她們在閱讀時的困難與收穫。

「我一眼就被這個書名吸引了，看的時候覺得那裡面說的就是我，但是我無法看完，一直想要做些其他的事情！」

她們往往發現那些非常貼近個人經驗的書籍，雖然讓自己受益良多，可是在閱讀過程中會因為痛苦而想分心。其中一個可能的因素是勾起了自己過去創傷的回憶；另一個則是因為承認受害者角色或指認加害者，所帶來的心靈衝擊。

已經開始接受療癒或接近結束階段的人，比較不會因為閱讀相關書籍而被勾起大量未處理的負面情緒，但心情難免有些波動，如果能找自己的治療師談一談，或是用過往熟悉可以安撫自己的方式，一段時間後，應該可以恢復平靜。

但有時候難以閱讀的原因是：如果自己認同了書裡的故事，似乎間接承認了自己的母親是「無愛母親」。

從探索受傷的真相開始

我們內心裡有許多道德約束與理想化的負累，讓受到創傷的女兒難以看清楚母親的樣貌。

當妳想著：「我只希望自己能夠過得好一點，我不想把她當成壞人，也不想要責怪她！」那麼妳可能還處於情緒壓抑的階段，無法好好為自己的傷口感到悲傷，甚至表達妳的憤怒。

又或者，妳還抱持著「我做的一切努力都是為了讓母親改變」的想法，妳仍希望「努力地成為對母親有幫助的小女兒」。然而，以「改變他人為動機」並非邁向健康成人的態度，反而會增加母女間的糾纏。

從助人者的角度來看，加害者和受害者並非截然二分的概念，特別是在母女關係中，女兒們有朝一日可能成為母親，而每個母親都曾是個女兒。

在《母愛創傷》這本書中，作者心目中的讀者是女兒，希望幫助的對象也是女兒，她相信如果女兒們能夠對母親的行為模式和內心狀態有更深的認識，就更能面對自己所受到的創傷，有助於後續的自我療癒。

若在閱讀這些讓妳感同身受的故事時，能先將「受害／加害」的框架放在一邊，著眼於探索並了解妳自己真實的感受與經驗，本書會為妳帶來更大的幫助。

踏上改變與療癒之路

當妳能清楚地認識自己在母女關係中遭受到什麼對待，對自己造成哪些影響之後，才有辦法踏上改變與療癒的道路，進入本書後半部的「療癒母愛創傷」歷程。療癒創傷需要經歷一系列情緒紓解、獲得新想法，才能走到行為改變。一個長年飽受母親苛刻批評的女兒，當母親嫌惡地說：「妳穿那一身是什麼衣服？」她能一反過去低頭欲哭的反應，轉而平靜地繼續做自己的事，甚至更尊重自己的感受，對母親說：「我要回去了！」堅決離開，扭轉過去總是低頭認錯或不斷自我辯解，結果總是被母親壓著打的互動方式。這些改變不是一蹴可幾，就像水需要不斷累積熱量，才能變成升上天空的蒸汽。

治療創傷的過程需要同時在理智與情感上，深度理解自己身上發生的事，像是指認自身受到的傷害。而這是一項困難且重要的任務，在愛恨交織的母女關係中，更是如此。

對於有著「無愛母親」的女兒來說，要辨識「愛中夾帶的傷害」，要承認「應該給愛卻無愛的關係」，要經歷難以想像和言說的二度痛苦。如果在這撥開迷霧、了解真相的艱難過程中，有一個領航人可以清楚地描述出許多和妳相同遭遇的故事，準確地形容出母親帶給妳的矛盾與痛苦，甚至堅定地告訴妳該如何改變，並對妳能脫離母親影響這件事充滿信心，那將會有很大的幫助！

《母愛創傷》就是非常好的領航書籍。作者蘇珊．佛沃是一位犀利、勇敢、有力量的治療師，長期對兩性關係與家庭互動有深刻的觀察和豐富的經驗。

如同她自己的說法，她確實擅長說出人們難以面對的真相。在之前的作品《情緒勒索》與《父母會傷人》中，她就展現出對於「在親密關係中假愛之名，實則傷害的各種現象」，細緻且精確的描述功力。

除此之外，對於困在關係中仍感到迷惘的讀者們，作者還提供了具體可行的改變方法。她很清楚面對改變時會遭遇什麼心理障礙，也能夠以堅定的態度對讀者保證改變自己之後的豐碩成果，這些都是一個資深、有智慧的治療師才能夠做到的事。

讓妳重生的愛，是「妳自己的愛」

「因愛而傷，由愛重生」是我閱讀本書最大的感觸。

「母愛創傷」是因為女兒對母親有愛，但得不到母親的愛而受傷。若無法看清真相，不斷地執著於對母親的愛，讓自己困在扭曲的母女關係中，傷口永遠無法痊癒。

真正能讓妳重生的愛是「妳自己的愛」。如同蘇珊．佛沃在書的最後提到：

「母親或許沒有給妳足夠的愛，但只要學習為自己補充母愛，妳就有能力付出並接受渴望已久的溫柔與關懷。」

導言

母愛創傷

——從辨識到療癒

「我之前到威斯康辛出差，成天待在室內工作，所以決定出去透透氣。外頭有太陽，所以即便天氣挺冷，我還是決定趁午休時間出去走走。我努力找了看來最溫暖的地方走去，但最該死的情況莫過於此：那裡確實有陽光，光線也很燦爛，卻一絲溫度都沒有。我內心突然湧起一股悲傷——這道陽光就跟我的母親一樣。」

海瑟是名三十四歲的嬌小女性，在一間大型藥廠擔任業務代表，對我說這話時淚眼汪汪。她的第一個孩子即將出生，但她很怕自己將來變得跟母親一樣。

「妳知道嗎？有很長一段時間，我都無法想像成為誰的媽媽。經過一堆糟糕的感情關係後，我很慶幸自己遇到吉姆。原來真的有人願意愛我。我們一直想生孩子，但我擔心自己有毛病，比如一懷孕就變得像我媽一樣冷淡。我無法忍受自己用我媽的態度對待孩子。」

我總是不停地聽到類似的故事：母親留下的情緒創傷過於深刻，導致許多女人總是心懷各種傷痛、恐懼與騷亂。

超過三十五年來，我在各種臨床現場擔任心理諮商師，遇見許多與海瑟類似的女人。無論是否有意識到，她們總因為那位養育自己成人的母親，在情緒損傷的軌道上周而復始地旋轉，不停掙扎地想要逃開。她們來接受諮商時總是非常焦慮、沮喪、缺乏信心，人際關係往往有問題，也常擔憂沒有堅定自我立場或愛人的能力。有些人能將母女關係的問題與其他生活困境連結在一起。另外也有人即便提起：「我母親真要把我逼瘋了。」卻認為比起其他需要諮商的惱人困境，那終究只是次要問題。

她們會奮力爬梳許多相互衝突的外界資訊，努力想證明身上並未背負來自過往的傷痛。

我得多了解海瑟即將成為人母的恐懼根源，所以要求她進一步解釋，當她說可能「變得像我媽一樣冷淡」究竟是什麼意思。她有些遲疑地開口：

「我媽好像有兩個面向，她會為我辦生日派對，也會來參加學校的一些活動，甚至可以對我的朋友很親切，但她還有另一面……」

「怎樣的另一面？」我問。

「嗯……她真的很愛批評我。老實跟妳說好了，她大多時候是無視我的存在，好像不值得把時間浪費在我身上。我也不知道，或許她親切的那一面只是用來表演給外人看的。但我可以告訴妳，在她身邊完全沒有安全感，感受不到真正的情感交流或慈愛……我對她似乎一點也不重要，好像只是有空時必須處理的一件事而已。不過，她總是很忙，妳又不能怪一個單親媽媽有很多雜事要處理。」

就跟許多女人一樣，海瑟能坦率說出被母親對待的方式，但仍為了減輕傷痛而努力將母親的行為合理化，也只願意記得她偶爾出現的模樣：疼愛孩子的母親。

好母親有什麼特質？

我們不該期待一位好母親表現完美，或者自我犧牲到如同聖徒的地步。她有自己的情緒包袱、傷疤，也有需求。她或許有一份需要全力以赴的工作，也可能有無法關注女兒的時候。她可能不小心亂發脾氣，也可能事後悔恨不已。但只要她的**主要行為**足以幫助女兒相信自己的價值，培養她的自尊、自信與安全感，無論她算是個好母親或堪稱及格的母親，總之表現都算不差，畢竟她已透過確實、可靠的手段，對孩子展現真正的愛。

不過，對於海瑟和其他許多女性而言，情況卻非如此。對她們而言，本該滋養她們的愛如同斷續水滴。外人難以窺見的是，在關起的門背後，所謂母愛溫暖只是偶爾出現的水花，而大部分時候，母親面對女兒時總是詆毀、爭寵、冷漠忽略，不是將女兒的成就占為己有，就是無法好好保護她們，甚至出現虐待行為。但有愛她們嗎？沒有。愛是一種全面性的持續行為，像海瑟這樣的女兒只能不停地渴求其中的溫暖。

缺乏母愛的高昂代價

以這種方式長大是非常痛苦、受傷的經驗。通常女孩在成年的過程中，是藉由與媽媽建立認同及情感連結，定義自身的女性特質。但當母親有虐待、尖酸、令人窒息的對待、抑鬱、怠忽或疏遠的傾向，導致這段過程無法順暢進行，她們會被迫獨自奮戰，努力在這個世界上尋找屬於自己的堅實定位。

她們很少意識到自己的母親不夠慈愛，某些極端案例中的母親甚至可能充滿惡意。要人承認這點實在太難，光是接受這種可能性就會讓孩子極度焦慮，畢竟小孩能否生存幾乎完全仰賴這位主要照顧者。對於孩子而言，抱持以下信念較為安全：「如果我們之間出現了什麼問題，一定是因為**我**出了什麼問題。」她會把母親的傷人行徑歸咎於己，自覺無能又糟糕，就算成年後極有成就，甚至為眾人所愛（包括自己的孩子），這種感受仍揮之不去。

一旦小女孩老被無法付出愛的母親批評、忽略、虐待或緊迫管教，長大後會覺得自己永遠不夠好，或者不值得他人付出關愛，甚至沒有足以成功或幸福的聰明、漂亮或者受歡迎等特質。有個聲音會在腦海中不停地告訴妳：**因為如果妳真的值得敬重與關愛，妳的母親早就該這麼對待妳。**

如果妳就是那個小女孩，母親無法給妳所迫切需要的愛，妳的情況會與海瑟非常類似。妳們的自信永遠有個巨大缺口，其中迴盪著空虛與哀傷。妳永遠無法真正接受自己的樣貌，可能也不信任自己有愛人的能力。除非撫平那道來自母親的傷口，否則妳永遠無法全心展現自我。

為什麼我現在要寫這本書？

治療海瑟的過程，讓我再次深入思考這令人傷痛的現實，即便治療結束後好一陣子，我還是常想起海瑟。她是個聰明、迷人又有成就的女性，但那些特質在她眼中彷彿不存在。她不停質疑自己是否有愛人或被愛的能力，也覺得自己是假裝擁有這些能力的騙子，明明現實與她猜疑的完全相反，她卻總在害怕自己有毛病。她是一名頗有自覺的三十四歲女性，卻仍在等待母親認可及祝福，希望藉此擁有成為一個好女人、情感伴侶及母親的自信，而這可能永遠不會實現。當女兒無法與母親建立緊密連結，長大之後，可能一輩子都得背負迷惘、失落，以及被剝奪的感受。

我向來擅長說出人們難以面對的真相，以及大家在「完美伴侶」及「快樂家庭」表象背後對待彼此的真實樣貌。出版《父母會傷人》（*Toxic Parents: Overcoming Their Hurtful Legacy and Reclaiming Your Life*）之後，我本來以為針對家長教養這個主題，我能講的話都講得差不多了，但隨著愈來愈多女兒帶著母親留下的傷口前來求助，我知道得來些「女人對女人」的心靈喊話，對象正是那些母親沒有愛人能力的女兒。這些數以百萬的女性正在日常生活中與深及靈魂的傷口奮戰著。

另外還有一個原因促使我決定寫出本書，而且挺好猜的。雖然我已平復母親帶給我的內心騷亂，但直到她過世，我都無法說服自己針對「無愛母親」寫出一本書。當然，我的女性個案也常跟父親相處得很辛苦，這些父親問題也很大，而且不太能給予女兒幫助，畢竟健全男人通常不會與情緒不穩的女人結婚或維持穩定關係。而他們與妻子產生的摩擦，通常也會對女兒在處理婚姻、事業及母職問題時的情緒核心造成影響。

如果母親始終沒有愛孩子的能力，她所留下的影響會出現在孩子所有生活困境中，也會阻礙孩子與他人建立情感關係或發展自信及自尊。我知道妳聽了或許感覺挫敗、喪氣又迷惑，但我們會一起透過本書梳理妳的思緒，並舒緩妳的緊繃情緒。我會一步步引導妳，不但將重塑妳與母親及自我的關係，也將會療癒長久以來讓妳無比痛苦的傷口。

從現在開始，我們將仔細、坦誠地檢視母親的行為及對妳造成的影響。隨著閱讀本書，妳會發現母親和自己的行為模式細節。我會傳授一些幫助轉換信念與行為的方法，好讓妳不再感覺被過往牽絆。我也會幫助妳（或許是生平第一次）了解來自家長或他人的真愛該是什麼模樣，那會是幫助妳重建生活最有力、可靠的基石。

這不叫愛

為了幫助妳理解自己的母親，我設計了以下的量表。

◎首先，我們來觀察妳和母親的關係現況。

妳的母親是否總是：

- 要求或批評妳？
- 遷怒於妳？
- 發生好事都覺得是自己的功勞，發生壞事就怪妳？
- 一副妳無法為自己做決定的樣子？
- 面對他人時充滿魅力，跟妳獨處時卻非常冷淡？

・試圖搶妳的鋒頭？
・跟妳的另一半調情？
・把妳的人生當作自己的人生在過？
・總是打電話、寫電郵、傳簡訊給妳，甚至強硬介入妳的行程，讓妳覺得窒息？
・直言或暗示妳是她抑鬱、無法成功或生命有所遺憾的原因？
・直言或暗示她沒有妳不行（而且只有妳幫得了她）？
・用金錢或承諾給予金錢來操縱妳？
・如果不順從她的意願，就威脅不讓妳好過？
・忽視妳的感受和意願，或者隨意看待？

如果妳對這些問題的答案都是肯定的，表示妳的母親正在（或已成為）「無愛母親」。這些可能都不是最近才出現的行為，或許她在妳這輩子的大多時候都是那個模樣。只要將每個問題前面加上「她以前是否」，並回想母親在妳小時候的行為表現，答案就很明顯了。

◎接下來這份量表，會幫助妳大致理解母女關係對妳造成的影響。

妳是否：

．不確定母親愛不愛妳，並且在想到她可能不愛妳時，感到一陣羞愧？
．感覺必須為所有人的幸福負責，卻獨漏自己？
．相信母親的需求、欲望和對妳的期待，比妳自己的想法重要？
．相信必須努力才能得到愛？
．相信無論妳怎麼做，母親都會覺得不夠？
．相信妳必須保護母親，即便清楚她的所作所為正在傷害妳？
．只要不配合他人就會有罪惡感，覺得自己是壞人，尤其面對母親時特別嚴重？
．不願跟母親分享生活細節與感受，因為知道她會拿來對付妳？
．感覺自己不停在追求他人的認可？
．無論有了多少成就，仍常感覺害怕、內疚、渺小？
．懷疑自己有什麼毛病，並怕因此永遠找不到愛妳的另一半？
．不敢生小孩（前提是想生小孩），因為怕他們「會變得跟我一樣一團糟」？

以上都是母親留下來的創傷，根源通常可追溯至童年生活。但即便發現每個問題的答案都是肯定的，都請不要認定自己「完了」或「注定毀了」。妳仍可以立刻做出許多實際改變，並藉此改善妳的生活、自我形象以及人際關係。

本書提到的女性都跟妳很像。隨著一頁頁翻讀，妳將發現這些女人勇敢地檢視過往，並在對母親及自己有了全新認知之後，大幅度地正向改造了人生。我會以諮商治療的方式進行引導，給予自救工具，好將妳從成長過程裡缺乏母愛的過往中解放出來。

本書的組織架構

本書的第一部將介紹五種常見的「無愛母親」。我會帶領讀者探討海瑟這類的治療案例，幫助妳透過女兒觀點檢視母親的種種行為。妳有機會聆聽這些女兒與母親相處時面臨的困境，以及對生活造成的後續影響。妳也有機會看到，為了保護自己不受母親的無愛行為傷害，她們都在兒時發展出不同的應對機制，而這些行為與信念，又是如何濃縮、精煉為極痛苦且具有自我挫敗（self-defeating）傾向的行為模式。

妳可以看到許多與妳母親類似的行為，但不再伴隨那些（或許早已聽過不少的）藉口或合理化說詞，並因此更了解自己的母親。我相信妳也能因此更理解自己。妳很可能發現自己的童年經驗散落於不同章節，畢竟許多母親的模式橫跨不同類別，而無法擁有健全母愛的女兒都身懷類似傷疤，無所謂類別。

我們將在本書第二部，從理解走向復原之路。我會在不同階段教妳不同技巧，幫助妳在改變母女關係之餘，也改善個人生活。我們會一起將腦中的理性思緒落實於情緒領域，幫助妳在看待自己與母親時做出深刻改變。然後我會介紹一些協助重建自信與自尊的技巧，也會拯救妳孱弱的愛人能力。

如果妳的母親已經過世，妳可能會懷疑是否有必要閱讀本書第二部，但我建議一定要讀！妳的母親仍活躍在妳的腦海中，妳一定總是不停聽見她的批評與刻薄意見，甚至還能感覺到兒時遭受惡待留下的傷痛。我們得花上一點時間與精力才能緩解妳的痛苦。

不過，根據我自身及其他數千名女兒的經驗，我能確切保證的是，如果妳深信內心有些什麼在年幼時被擊碎了且再也無從復原，這種信念是可以被改變的。我向妳保證，只要我們透過本書一起努力，妳一定有辦法重獲完整自我，在自己及周遭找到渴望已久的自尊、智慧及關懷。

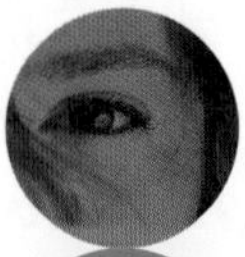

目錄

目錄

目錄

「我知道改變很辛苦，但不改變會更辛苦。」

「我本來不相信自己有說『不』的權利。」

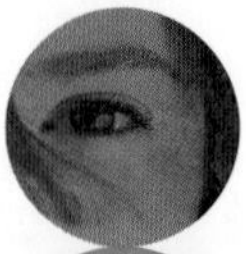

目錄

第一部

辨識母愛創傷

第一章

質疑母愛是種禁忌？

「敢說妳媽的壞話試試看。」

我們這代人通常對心理學都有些概念，但仍未完全擺脫母愛迷思：我們總相信母親的定義就是能愛孩子、保護孩子，而且永遠慈愛親善。這種迷思為許多無愛母親提供了掩護，因為丈夫、其他家庭成員和社會通常不願直接批評或仔細檢視這些母親。

大部分的社會學家都歌頌母親，彷彿只要生了孩子就能立刻擁有養育孩子的能力，但現實卻非如此。沒有這種能夠打開「母親本能」的神奇開關，母親並不會生了孩子後立刻與嬰兒產生連結，或回應孩子的各種需求與匱乏。當然，我並不同意佛洛伊德打擊母親的傳統，也就是把所有問題歸咎到母親身上；但相信只要成為母親就能付出健全的愛，同樣也是一種妄想。

這種妄想成為一種深植人心的信念，就算妳想表達母親無法愛人的事實，並說出母女關係的真相，也就是母親真正對待妳的方式，卻往往會遇到頑強外力集結抵抗，其中甚至包括妳母親。

確實，我們常在處理無愛母親議題時面臨許多禁忌，人們面對母愛創傷的反應激烈，不是心存懷疑、大肆批判，就是給出毫無建設性的意見。

如果妳想重新組織與母親之間的關係，很容易發現以下狀況：

- 妳嘗試與她和解，卻總是被重新捲入一堆錯綜複雜的批評及言語操弄的泥淖中。妳再次成為那個不知感恩、自私又無情的傢伙。無論她做了什麼，妳都是虧欠的那方。
- 妳試圖向親友尋求建議，得到的回應卻是：「怎麼可以這樣說妳媽呢？是她給了妳生命。妳有什麼**毛病**呀？」
- 妳找了一位學藝不精的諮商師，對方堅持要妳「原諒並遺忘」，還要妳與母親和解，完全不管必須付出的高昂情緒代價。
- 妳試圖從牧師、神父或其他精神導師身上尋求支持，但得到的回應都是「孝敬妳的母親」、「妳必須透過原諒療癒自己」、「家庭是我們的一切」。
- 妳試圖跟妳的另一半討論，但得到的建議是：「別讓她影響妳。她就是那樣。」

經歷以上的一切之後，妳又回到了原點——迷惑、孤單，因為試圖面對及處理過往糾結而感到羞恥，甚至懷疑自己是否有權擁有那些感受。

其他人不了解妳的處境

處理無愛母親帶來的痛苦及其後續效應非常辛苦，過程也可能使人極度孤絕。一般人如果擁有堪稱健全的母親，通常很難理解世上有不一樣的母親，因此，常有立意良善的親友在面對不被愛的女兒時心存懷疑，不但無視她的痛苦，甚至在她尋求安慰時出言指責。

凡樂莉是名三十二歲的電腦工程師，她常在工作及社交生活中感到困陷、沮喪，希望找我克服害羞與焦慮問題。她不習慣與外人來往，尤其因為「人們就是不了解我」。

我請她舉出一個例子，她描述了最近的一次事件。

「一個月前，我報名參加成人美術班。其實我老早就想試試看了。老師泰瑞對我的水彩畫讚譽有加，我們相差二十五歲，但還是成為非常親密的朋友。泰瑞說她打算辦一場學生畫展，還選了兩幅我的作品，我聽了很開心，卻突然哭出來。她問我怎麼了，我說那天早上才跟母親在電話中大吵一架，我不想邀請她來。

「泰瑞說她很想見見我的母親。我媽是個室內設計師，也是個不得志的藝術家，不過我沒跟泰瑞提過後者。泰瑞已經提起我媽好幾次，所以我在百般不情願的狀況下寫了電郵邀請她來。她來了，盛讚了所有人的作品，但就是對我的作品表現冷淡。不過當然，她在面對泰瑞時非常迷人、熱情。等她離開後，泰瑞告訴我：『我真想擁有那種可愛的母親，我願意犧牲一切讓我的母親活過來。希望妳明白自己有多幸運。』

「我說：『嗯，眼見不見得為憑。我媽有時候非常自我中心、愛批評，而且好勝心強。』但泰瑞彷彿一個字也沒聽進去，只是繼續說：『妳該感謝擁有這樣一個關心妳的媽，至少她還願意來看妳的作品。』」

凡樂莉把泰瑞當朋友，但泰瑞把她的話當耳邊風，她因此非常沮喪。如果連凡樂莉這樣的成年人都會因此深深受傷，應該不難想像一名年輕、獨立的女孩——說不定就是年輕時候的妳——在努力想被聆聽、理解卻失敗時，感覺有多糟。

柯琳是二十八歲的單親媽媽，她在一家連鎖超市擔任經理，打從有記憶以來就深受慢性輕度憂鬱症所苦。定期服藥很有幫助，但她也清楚，只要過往還有許多糾結未解決，憂鬱狀況不會結束，所以希望我幫她釐清問題。我在稍微了解情況之後，問起了她的童年經驗。

她說：「我沒人可聊……情況沒那麼簡單。大家都不聽我說，我只能把所有傷痛悶在心裡。只要我試著跟爸聊起媽，他就會說：『對她好一點就是了。』某次我到吉娜阿姨家過夜，她問我家中狀況如何，我覺得可以和她交心，畢竟她一直都對我不錯，所以我說：

『我覺得我媽不太對勁，她老是對我尖叫，還說我一點價值都沒有。』吉娜阿姨安靜地聽我說完，一副了解的模樣，但隨後說：『妳得試著幫助她保持心情愉快。她不是有意傷害妳，只是因為跟妳爸處得不好。而且如果不是為了妳，她早離婚了。這是妳欠她的。不要那麼敏感。』她的語氣讓我覺得做錯事，我聽了感覺更糟，心想：『這下好了！現在連阿姨都在生我的氣。』真希望我一開始沒說出口。」

這些擁有無愛母親的女性的共通特質，就是渴望感受到被認可，也就是找到一個人對她們說：「沒錯，妳所經歷的都是真的，沒錯，妳的感受非常合理。我都了解。」

這些女兒往往承受了巨大壓力，無論過去或現在，都不敢說出自己在言語、情緒或身體方面經歷的殘酷對待。如妳所見，這些孩子很早就被迫面對現實的規則：別告訴任何人，連在心裡想都不能想。

於是妳學會了埋藏、輕視，甚至懷疑內心的真實感受。

被母親拒絕後的內化機制

妳的直覺通常是為母親設想，並努力在現況中取得平衡。雖然乍看是個不錯的選擇，但妳的生活底層會因此出現錯綜複雜的斷層線，就像一種情緒地震帶。苦笑著逆來順受可以保持表面上的和平，但實在稱不上主動的選擇，反而更像是一種基於羞愧與恐懼的失能狀態。而真正讓妳深陷情緒陰影的，正是這種精準運作的情緒煉金術及麻醉效果。

每當妳試圖說出有關母親的真相時，外界反應都會在妳心中迴盪出強烈情緒：

- 妳覺得自己背叛了母親，並因為說出真相而被視為「亂批評她」，「畢竟是她給了妳生命」。
- 妳覺得羞愧。「所有母親都愛自己的孩子，如果不愛，那一定也有正當理由。」
- 妳開始懷疑自己的判斷能力，不知道自己是否「太敏感」，或者開始自憐自艾。

這些想法與感受一定非常強烈，許多人甚至深感恐懼，因此，一旦外人碰觸到這座痛苦與缺乏安全感的深淵，所引發的反彈只能以「驚恐」形容。之所以會如此驚恐，是因為我們得允許自己去感受，並承認我們的母親沒有愛，還得試圖去改變彼此之間的關係。

許多女兒表示她們真的無法為母親貼標籤，就算母親再惡劣、再無法付出愛也一樣。

以下是我常聽到的理由：

- 我受不了那麼做的罪惡感。
- 我承受不了那種悲傷。
- 我無法接受隨之而來的失落感。

這些成年女性內心都有個嚇壞了的小孩，「如果說出真相就沒媽媽了。」只要聽到這個內在小孩低語，無論多麼成功老練的女性都會忘記自己是成年人，早就無須仰賴與母親的緊密關係才能生存。

一旦妳相信只要自己依循內心感受行動，將無法承擔隨之而來的情緒後果，就只能走上另外一條道路：將扭曲的自我形象及看待母親的方式合理化。

「聽著，她真的過得很辛苦，」妳告訴自己，「我得放她一馬。」

柯琳非常努力地找出所有足以證明母親「沒那麼壞」的蛛絲馬跡，這些合理化說詞簡直耳熟得令人心驚。

「希望妳沒覺得我在妖魔化我媽，我真的沒有。我是說，她從沒讓我們餓著，也沒讓我們流離失所。我上學有課本用，也有好衣服穿。而且老實說，我小時候真的常惹麻煩，難怪她老對我生氣。」

柯琳仍想從這段腐爛的母女關係中翻出一些正向元素。確實，母親沒讓柯琳餓著，卻讓她在感情方面極度飢渴。但為了自我說服，她得使用我們熟悉的自責說詞。奇特的是，對於無愛母親的女兒而言，這種說詞具有撫慰效果。

看出這種惡性循環的模式了嗎？妳在母女關係中的痛苦逐漸轉為恐懼，最後發展為各式合理化及自責說詞。正是這種密閉的循環系統將妳困住，阻止妳做出改變。我們的心智或許理解現實問題，情緒卻遵循另一套邏輯，而我們大多時候是情緒的動物。

無愛母親的女兒有辦法說出「我媽很沮喪」、「我媽根本只顧自己」、「我媽真要把我逼瘋了」，甚至「我媽是個酒鬼」、「我媽會在言語上虐待我，現在也一樣」，或者「我媽真是個賤貨！」這些說法聽來強悍，似乎也很精明，但又沒有精明到足以讓妳放過自己。唯有完全揮別母愛迷思，才能停止這個無法克制為母親辯解的情緒循環，而且這些辯詞背後的邏輯只有一種：「無論我媽做了什麼，反正都是我的錯。」

妳的一生可能都無法克制地相信母親沒有問題，有缺陷的是自己。妳會在成年過程中不停地受到這種受損的自我形象影響，彷彿扛著一只沉重大衣箱，裡頭是妳從小就開始收集的各種恐懼與自我誤解，並以此發展出各種自我挫敗行為。

與禁忌對決

本書將仔細描繪無愛母親的樣貌，幫助妳一勞永逸地放棄母愛迷思。在接下來的章節，妳會發現許多母親因為各式各樣的心理或生理障礙，無法或不願持續提供引導女兒發展情緒幸福感的必要關愛，導致她們無法真正愛人。

我想要強調的是，這些母親並不是一早醒來就開始思考：「今天該如何傷害女兒呢？」她們行為背後的驅力往往不受意識管束，有時是她們自己也不願面對的情緒，比如令人舉步維艱的不安全感、揮之不去的被剝奪感，或者對人生無比深沉的失望。為了擺脫這些恐懼及憂傷，她們靠著女兒來重獲力量、主宰地位或支配感。這類母親最明顯的特質就是缺乏同理心，極度自我中心，完全意識不到自己創造了多少苦難。她們很少透過他人觀點來思考事情，只是一股勁地滿足自己的欲望與需求。她們對心中的惡意幾乎一無所知，然而，正是這些惡意引發的傷人行為定義了妳們之間的關係。

如果這些描述與妳的痛苦經驗極度類似，請不要停止閱讀。意識到妳們之間擁有的不是愛非常重要，妳必須深刻、完整地理解這件事，就算每次只能成功一點，也不該放棄。我知道或許很難，但如果想修復母愛迷思造成的傷口，妳就得清楚檢視母親的作為，以及這些作為在妳心中留下的傷痕。

妳會透過本書的第一部認識五種無愛母親。這些分類之間並沒有清楚界線，任何一名無愛母親都可能符合多項分類定義。無愛母親的種類包括：

．嚴重自戀的母親

這類母親極度缺乏安全感，只顧自己，總是需要他人仰慕自己，並強調她無與倫比的重要性。她必須是注意力的焦點，只要感覺鋒頭被搶去就得立刻奪回來。她可能會把女兒視為對手，蓄意打擊她作為女性的自信心、魅力及力量。這類母親只要感受到威脅，立刻會變得尖酸又好鬥，尤其當女兒在成年後發光發熱，情況會變得更嚴重。

・過度糾纏的母親

因為需要女兒把大量時間、精力花在自己身上，這類母親的母女界線往往非常模糊，加上不停強調無論代價多高，自己都是女兒生命中最重要的人，女兒通常因此感到窒息。她必須靠母親這個角色來滿足情緒需求，根本顧不到女兒也有獨立健全發展的需要。她常把孩子描述為生命中「最好的朋友」，但當女兒的需要和偏好與自己不一致時，她又不當一回事。

・控制狂母親

這類母親對人生充滿無力感，所以利用女兒填補內心空缺，認定女兒的人生定位就是取悅母親並服從所有指示。這類母親總是清楚表明自己的需求、欲望以及命令，只要女兒試圖重新安排人生議題的優先順位，就會讓女兒對可能面對的後果心存恐懼。她們認為只有自己明白如何安排對女兒最好，並以此合理化自己的行為，女兒因為常被母親貶低，也就信以為真。

‧需要母愛的母親

因為早已被生活壓垮，這類母親不是深陷憂鬱情緒就是有成癮問題，害得女兒不得不扛起照顧母親的責任，甚至還得撐起整個家庭。這種典型的角色反轉，逼迫女兒必須照顧孩子氣的母親，提早結束童年，而且始終得不到母親的保護與指引。

‧忽視、背叛或打擊孩子的母親

這類母親屬於光譜最陰暗的一端，冷漠的她們無法提供任何一絲溫暖，往往還任由女兒被其他家族成員虐待，甚至可能親手凌虐孩子。她們所造成的損傷非常有害，女兒受到的創傷也非常深。

接下來，我將提到這些母親如何一點一滴地侵蝕女兒的生命根基。透過這些案例，妳能理解與無愛母親生活的經驗如何影響妳的行事準則，並損害妳擁抱愛、信任及自我成就的能力。

重複出現的模式

俗話常說，女人會選擇跟父親類似的對象，但其實更令人眼界大開的事實是：我們常選擇與母親類似的對象。換句話說，當一個人在選擇伴侶及形塑成年生活的過程中，往往會出現一種下意識的強烈需求：我們想重現那些伴隨母愛創傷而來的熟悉困境。

正如先前的量表所示，那些過度照顧、取悅外人及缺乏安全感的糟糕模式，總是根植於母女關係。無愛母親的女兒常願意過度容忍他人的惡待，在最糟糕的情況之下，一個備受打擊的女兒可能會成為備受打擊的母親，甚至出現虐待孩子的傾向。不過，無論母親留下什麼創傷，妳若能主動詮釋過去與現在之間的關係，就能獲得穩定做出改變的欲望及能量。

第二章

嚴重自戀的母親

「那我該怎麼辦？」

根據古老的希臘傳說，曾有一位俊美的年輕男子納西瑟斯（Narcissus），無論男女都會立刻對他一見鍾情。

某天，納西瑟斯坐在湖邊，無意間在水面瞥見一名年輕男子的絕美倒影。他不知道眼前看的是自己，竟然著迷到了不吃、不睡也不願離開現場的地步，甚至直到死去那一刻，都還緊盯著那個隨著清澈波光閃動的男孩。我們現稱為「narcissus」的白水仙，據說就盛放於他的屍體底下。

這是一個廣為人知的神話，也是許多錯誤觀念的根源。許多人使用「Narcissus」衍生出的「自戀」（narcissistic）一詞來描述自私自利的人，但在治療過許多擁有自戀伴侶或家長的個案之後，即便這些自戀者確實表現得虛榮、自信或極端傲慢，我卻完全不認為他們愛自己。

實際狀況是，這些自戀者其實非常沒安全感，而且總在自我質疑。若非如此，他們為何總需要他人的認可及敬慕？為何總需要成為目光焦點？那些自戀的母親們，又為何總需要透過打壓女兒的自信及自我價值來鞏固自我？

自戀的母親並不是因為太愛自己才無法愛孩子。我們之所以無法從她們身上感覺到愛，是因為她們太專注於打造自己重要、傑出且毫無過失的形象，根本沒有餘力關注其他人。

這些自戀者的女兒從小就明白，只要聚光燈打在自己身上，母親就會立刻跑來取代自己。這類女兒習慣忍氣吞聲，甘於成為母親陰影下的擺飾或直接失去存在感。因為自戀者搶去了女兒的所有成就，並將所有的不快樂都歸咎到女兒身上，導致女兒的自信及對生命的本能熱情消失無蹤，同時逐漸發現，母親的需求、自尊和安定感永遠比自己重要。

自戀光譜

每個人的自戀程度不一，對女兒造成嚴重損害的自戀傾向卻是落在漫長光譜最糟的一端，我們將其稱為「自戀行為」。

如果只是看著鏡子說：「我今天看起來真棒！」或公開表揚自己的一項才華，充其量只能稱為自我保護行為，那麼做可以增強自我價值，有助於依循個人最佳利益採取行動，或者積極捍衛自身權利。

但若是稍微往光譜的另一端移動，自愛就會升級為自我中心。落在這個區段的自戀者不只需要自我欣賞，還需要他人不停關注他的優良特質。這類行為或許惱人，但沒什麼害處。這種輕度自戀者或許虛榮，顯然也很自我中心，交談時，常不會注意到其他人或「聽眾」已經開始不耐煩。但要是我們主動提出不滿，要求改變，這類人通常會道歉。

不過，嚴重自戀者很少道歉。心理衛生工作者通常將此情況稱為「自戀人格失調」（Narcissistic Personality Disorder，ＮＰＤ）。

此種失調的關鍵特質就是表現浮誇及渴求關注。小孩常會幻想自己有權有勢，這很正常，尤其如果現實與他們渴望的生活差異太大，這種狀況更是常見。不過，一旦成年後有了自足感，這類幻想通常會消失。自戀人格失調的母親卻始終沒有揮別早年渴望，她們之所以緊抓不放，是因為靠著這些渴求，掩飾內心潛藏的無能感。她非常需要透過他人意見來建立自我認同及自尊心，外人就像一面觀照自我的鏡子，所以她必須不停地尋求他人認可，甚至花上一輩子執著於證明自己比其他女人更美、更聰明、更有才華，或者更有吸引力。因為根據她的邏輯，這樣的人才能獲得特殊待遇。她也無法接受別人對這項規則產生異議——這種說法已經很委婉了。她善妒、見不得人好，被挑戰時防衛心極強。正如妳所猜想，她的同理機制有障礙，對於他人及他人的感受沒什麼興趣，除非這些人能幫助她自我感覺良好。

直到一九八〇年，「自戀」才被認可為一種人格障礙。在此之前，人們往往無視於極端自戀的嚴重性，只將這類行為貼上「自我中心」、「自滿」或「自大」之類的標籤了事。但現在我們了解，嚴重自戀者並沒有發瘋，沒有與現實失聯，生活也能運作，可是確實擁有與他人不同的內在電路板。沒人確知原因為何。多年來，心理衛生工作者努力想搞懂這種人格失調的起因。曾有一段時間，人們普遍相信是因為幼時受創或過度受寵，創造出一種虛假的自我。但有新的證據顯示，這種失調主要是基因或生理造成的現象。

我們目前確知自戀人格失調的人會出現高度戲劇化、情緒化，甚至偶爾脫序的行為，也知道嚴重自戀的母親的生活會出現功能障礙，甚至對女兒造成毀滅性影響。

如果妳的母親符合以上描述，即便過程有些困難，妳應該仍會因為真相被攤在陽光底下而鬆一口氣。不過這些特徵畢竟是紙上談兵，雖能幫助妳辨認目前的困境，卻不夠具體，難以真正碰觸母親在妳內心引發的傷痛。妳需要的是一種理解嚴重自戀的母親的系統化知識，光靠類似「缺乏同理心」的詞彙，無法捕捉妳內心的那股空虛。

三D天后：戲劇化（Drama）、折射（Deflection）、否認（Denial）

・唐娜：被戲劇化天后忽視，搶去了所有鋒頭

唐娜是個三十八歲的女人，聰慧又迷人，但必須成天在丈夫、公關工作、兩個年幼兒子和嚴重自戀的母親的需求之間取得平衡，簡直要累壞了。她說生活過得還算不錯，只有母親需要與她相處時例外。這項需求讓她非常焦慮，隨之而來的負面情緒也滲透入她與丈夫及兒子的關係。她對我說了件最近使她無比憤怒的事。

「我在家族聚餐時宣布有了第三個孩子。所有親戚都很興奮，包括我的姑嬸叔伯、表親和我的兄弟，他們全都聚到我身邊擁抱我。突然我母親起身，假裝跌坐在地，實在太嚇人了，幾乎所有人立刻轉而跑去照顧她。我真的不知道她是怎麼了，我爸馬上跑去為她拿了杯水。等到她終於站起來，立刻看著我說：『妳怎麼能這樣對我？怎麼能讓我這麼擔心？妳知道自己身體不是很好吧？這下我得一天到晚帶妳去看醫生了！』我真的聽不懂她在講什麼！我健康得很！她在我之前懷孕時也沒帶我去看過醫生。為什麼她得把一個愉快的夜晚搞得跟希臘悲劇一樣？」

唐娜氣壞了，但其實不是很驚訝。她母親艾芙琳就是這樣，老愛搞出類似的昏倒事件。

「我想，她一直都是個需要伺候的大牌。我還清楚記得小時候，大概我五歲吧，家裡來

了一些爸媽的朋友。當時我在上踢踏舞課，很喜歡舞鞋敲打在木頭地板上的聲音，所以穿著在家裡走來走去。某人放了音樂，要我來支舞，我有點害羞，但還是起身表演練習了一陣子的基本舞步。我媽真的立刻離開椅子衝上來，跳了一支步伐極為複雜的舞。大家立刻鼓掌叫好，忘了我的存在。我真的不懂，就讓小孩子出點鋒頭有什麼不行嗎？總之，這就是我成長的環境。反正每次只要我得到一點注意力，下場都一樣，我在她身邊時跟隱形人沒兩樣。」

唐娜說，在成長過程中，只要她有些特別表現，或遇上什麼事件，母親就會立即跑來爭奪注意力。就連唐娜在小學四年級時扭傷手臂，母親都得先把以前溜冰受傷的故事講上一遍後才甘願安慰她，而且總要強調：「我當時受的傷比妳嚴重多了。」更令她覺得無比丟臉的是，母親參加她高中畢業典禮時，穿了件非常高調的暴露洋裝出席，「所有人都目瞪口呆。」就算唐娜現在是個成年人了，母親的戲劇化行為卻沒有減緩的跡象。艾芙琳把女兒的一切都搞成自己的事，完全是自戀者的典型表現。

◎對崇拜上癮

自戀的母親只要不是眾人注意力的中心，就會覺得自己彷彿不存在。她必須仰賴他人的崇拜以確保自己的重要性，一旦無人崇拜，她會立刻迷失方向。朗・錢尼（Lon Chaney）曾演過一部老電影《木乃伊之墓》（*The Mummy's Tomb*），其中某隻生物必須仰賴名叫「塔那」（Tana）的特殊植物葉片才能存活，於是為此大費周章地展開尋找塔那葉之旅。自戀的母親的「塔那葉」就是他人的崇拜，她們必須藉此維持情緒生命力，也會想盡辦法確保來源充足。

由於自戀的母親的自我如此脆弱，缺乏核心價值，很難自我感覺良好，因此只要沒有得到關注或讚許，也得把大家搞得人仰馬翻才安心。一旦生命中的人別開眼神，她就彷彿消失一樣，所以得命令大家始終看著她。她必須得到注意力，無論是用世故手段占盡上風，或者大肆鬧事，總之會使用戲劇化手段達成目的。

而且，只有正面回饋能安撫她的焦慮。任何人只要語出批評或稍有不同意見，都會引發她的內在動盪。為了解決那種不舒服的感受，她會立刻做出令人不知所措的防禦反應，讓人後悔質疑她的決定。她會將所有不適感折射到妳身上，所以焦點永遠會是妳在她口中的不足，而非她本人的缺點。這種作法通常能成功阻止後續抱怨及有效討論。如果妳想進一步討論，她會直接否認妳的所有觀點。以上正是自戀者的三D模式：戲劇化（Drama）、折射（Deflection）及否認（Denial）。這段令人抓狂的過程也會引發女兒的愧疚感，妳幾乎無法表達不同意見，或者為自己的立場發聲。

唐娜已經忍受母親的戲劇化表現太久了，雖然已經成年，她做出的結論仍是：反正抱怨也沒用。

「我完全被那場昏倒戲給打敗了，」唐娜告訴我，「但沒打算追究。她這人就是這樣，為此生氣根本毫無意義。」

唐娜很少反抗，但她的丈夫查德這次卻要求她這麼做，結果下場如同「折射」的教科書典型案例。

「查德看出我總是逃避和我媽溝通，所以說：『妳聽我說，我覺得妳該跟媽好好談談。她這種把戲已經鬧很久了。』我完全無法反駁，只好逼自己去見她。我以前試過跟我媽討論她的作為，但結果總是非常挫折，所以真的很緊張。

「我說：『媽，我真的得跟妳談談。』她立刻緊繃起來，但我還是繼續講——我真的以此為傲。我說：『我宣布了一件重要的人生大事，妳卻表現得那麼戲劇化，真的讓我覺得既受傷又尷尬。上禮拜吃晚餐時，妳搞的那齣昏倒大戲真的很嚇人。我懷第三胎完全不是為了傷害妳。為何要表現得像是我對妳做了什麼過分的事？』

「『我不懂妳為什麼又要懷孕，』她告訴我，『妳知道我很擔心妳。』

「我說：『我懷孕的事與妳無關，上次晚餐時發生的事根本是場災難。妳總要成為目光焦點，好像根本無法讓我接受一點關注。』

「每次我試圖跟她溝通她的行為，她都會出現同樣反應，這次也不例外。她立刻用大拇指和食指揉捏自己的鼻梁，一副頭痛的樣子，接著低頭，開口說：『親愛的，這話題對我來說太困難了。妳講得好像我是全世界最糟的媽一樣。我現在真的無法處理妳的怒氣。』」

唐娜的母親沒有回應任何問題，只是非常高明地將所有不適情緒轉移到女兒身上，並透過精心挑選過的話語及手勢，造成一種足以引發內疚的戲劇化效果：「瞧妳傷得我多重。」

◎折射防衛反應

對於嚴重自戀的母親而言，折射是一種極為有力的自保機制。她能藉此將孩子排拒在一定距離之外，因而不再需要考慮、意識到妳的感受，以及自己可能有錯的事實。

她無法接受別人挑戰她為自己塑造的完美形象。那個形象無懈可擊。不過，正如偉大的奧茲大王①，再強悍也只是面具，真正操控的還是躲在簾幕背後那個充滿缺陷的人類。嚴重自戀的母親雖然擺出了完美形象，背後終究是充滿不安全感的核心。為了保護搖搖欲墜的內在結構，她只好強力抵禦所有可能迫使她檢視或質疑自我的事物。她無法想像自己的武裝出現任何裂縫，內心也多少清楚一旦出現裂縫，那棟如同紙牌搭的房子會應聲倒地。如果是一個比較健全的人，一旦發現別人與自己意見相左，或者自我形象受到質疑，會表現出好奇、懷疑或悲傷等情緒，也有辦法接受不同觀點存在的可能性。但只要妳不同意嚴重自戀者，甚至直接批評對方，她脆弱的末梢神經只有一種反應：她覺得被攻擊了。

面對女兒的抱怨，艾芙琳沒有大吼大叫，只是揉捏鼻子後把頭低下，但這項狀似退讓的表現背後，卻有非常激烈的攻擊意圖。她透過身體語言暗示：「我被妳傷得太重，連頭都抬不起來。」還誇張地說出：「妳講得好像我是全世界最糟的媽一樣。」她其實是以退為進，而且把錯都推到唐娜身上。

唐娜說：「我以前不懂她的伎倆。她從來不曾對我大叫，甚至不發脾氣。但我就是能看出她有多不滿、多生氣。我的身體可以感受到，比如脖子和臉會發熱，腸胃也絞痛。我只是想為自己說點話而已。她卻輕易便讓我覺得是我做了過分的事。」

◎說謊、混淆視聽，以及否認

嚴重自戀的母親會發怒、尖酸批評，而且不經思考地否認孩子的感受，這一切毀滅性的行為都會使女兒痛苦。幾乎所有的女兒都堅信，只要母親能**明白**自己的作為及後續效果，就會懂得停手。於是女兒會不停嘗試拿起鏡子，要母親看看自己的模樣，並希望這次的結果能有所不同。然而嚴重自戀者不改其道，面對質疑時，只是做出一貫的戲劇化反應，接著折射所有指責，再把焦點放在**妳的**缺點上。如果對這麼做的結果不夠滿意，她們會採取最令人挫敗且憤怒的手段：否認。一旦在面對質疑時感覺無路可退，她們無法且不願認可妳的感受，又不想相信自己可能也是原因之一。相反地，她們選擇改寫現實，強調眼見並不為憑，而妳所感受的一切從未發生。妳口中的真實經驗不過是透過想像虛構出來的情節。

① 奧茲大王：著名美國童話《綠野仙蹤》中的主要反派，在一九三九年的電影版本中，奧茲大帝表面上看來擁有魔法，其實不過是由普通人在背後操控的幻術角色。

這實在讓唐娜非常不知所措。母親不只是便宜行事地靠著戲劇化的頭痛表演堵住女兒的抱怨，甚至還在其中加入「否認」的元素。

她說：「更糟的是，她從椅子上站起來後走向臥房，同時看著我，非常冷靜地說：『妳知道嗎？親愛的，我實在不了解為何妳說我昏倒。我只是因為太興奮，就坐下了。難道我沒有這麼做的權利嗎？一定是荷爾蒙攪亂妳的記憶力了。妳最好先離開吧。我得躺一下。』」

無論做了多過分的事，嚴重自戀者幾乎都不可能承認錯誤，而且為了證明自己沒問題，什麼話都說得出來。她會推翻自己的承諾，竄改妳親眼目睹的事件細節，甚至捏造他人的言行。根據唐娜觀察，這類機制不見得透過謊言運作，還包括把騙子的帽子改戴到**妳**頭上。

她可能靠著以下台詞否認妳心目中的真相，讓妳瞬間不知如何是好：

- 沒發生過那種事。
- 我沒說過那種話。
- 妳確定不是夢到的嗎？
- 妳的想像力也太豐富了。

接著，她會進一步以批判進行攻擊，例如：

- 妳真的很冷酷。
- 妳太敏感了。
- 我只是開玩笑，妳的幽默感去哪兒了？
- 妳老是誤會我的意思。

由於記憶及理性思考的能力不停遭受質疑，妳會逐漸失去理解現實的自信，甚至懷疑她的說法才正確。妳可能會因此開始相信她的謊言。

在經典電影《煤氣燈下》（*Gaslight*）中，為了證明妻子發瘋，丈夫做了很多事，包括藏起她的物品卻謊稱是她自己遺失，或者在房內做出各種細微改變，卻在妻子指出時否認她的觀察。當她說：「房內變暗了，你把煤氣燈調弱了吧？」丈夫卻答：「沒人碰那盞燈，光線始終一樣亮。妳可能只是身體不舒服吧。」這種混淆視聽的手法是自戀者常用的手段，一旦發現好用，他們可以把白天說成晚上，就連黑色也能說成白色。至於妳向母親抱怨的那些令人憤怒、痛苦或難受的行為呢？一定是妳自己夢到的。

艾芙琳是用以退為進的方式表達不滿，而嚴重自戀者還可能採取其他更積極的手段。當生活令她們失望，或優越感遭到動搖，她們可能會把氣出在女兒身上。

・雪倫：被自戀怒火灼傷

雪倫是一名單身女性，四十歲，在診所擔任櫃檯人員，來找我諮商是為了解決焦慮問題。她擁有工商管理碩士學位，卻無法找到與學歷相符的工作。她告訴我：「我又有恐慌發作的問題了。」

我問她，是否知道有什麼可能觸發的原因。

雪倫說：「首先，我和我媽之間最近發生了一件糟糕的事，其實是老問題了……大約兩週前，我跟她吃午餐。她和我爸已經分居大約六個月，但打算為了復合寫封信給他。我說我覺得這樣做不太好。他們在一起時總是過得慘兮兮。

「她立刻瘋狂地對我大吼：『妳怎麼敢試圖拆散我跟妳爸？妳這個冷酷又不成熟的傢伙，真是太令我丟臉了！哪有女兒會對母親這麼殘忍呀？』她吼完之後，我覺得自己彷彿是全世界最差勁的人。」

雪倫遭到「自戀怒火」的全面轟炸。她只是不支持母親復合的決定，卻意外踏入母親無法忍受任何批評、反對及挫敗的無盡深淵。就像許多嚴重自戀者的女兒一樣，雪倫生來就得為母親的不幸福負起責任。她接收到的訊息很清楚：「我當然不快樂。有這種冷酷又無情的女兒怎麼可能快樂？」

即便就事論事地表達不同意見，憤怒的自戀者仍常會大吼大叫或攻擊妳的自我價值。妳的好壞與否取決於是否百分之百支持她。她可能如同一頭受傷的動物對妳全力攻擊，完全沒考慮自己的發言可能造成什麼效果。

◎「妳不夠好。」

嚴重自戀的母親只要失望、沮喪或沒有安全感，就會開始無法克制地批評他人。就像所有缺乏安全感的人一樣，他們必須透過拆毀別人來鞏固自己。每當妳好不容易能自得其樂，她一定會讓妳覺得自己漏掉了什麼重要的事沒做，甚至可能因此惹上麻煩。妳的眼睛太小、妳的鼻子太大、妳太胖、妳太瘦、妳的腿看起來太笨重或者細得像牙籤……她們或許會因為妳成功符合某些浮誇的幻想而大肆稱讚，但只要妳失敗了——幻想終究是幻想——她們可能會批評得更厲害。

雪倫說：「大概在我八歲時，我媽突然覺得我以後應該當模特兒。我是個長相普通的孩子，但她覺得我既然是**她的**女兒，要進入任何一家模特兒經紀公司應該都不是問題。我順著她的想法去試了，但那根本不是我想做的事。她透過朋友替我約了面試，其中一位老闆只跟我聊了一下子就說：『感謝妳來面談，我們保持聯絡。』

「幾個禮拜過去了，什麼消息都沒有。我媽當然坐立難安，所以不停地打電話去問，最後他們終於表示：『抱歉，我們現在沒打算招募新人。』她勃然大怒，然後突然之間，她覺得都是我長得不夠漂亮才會失敗！她開始說一些可怕的話，像是：『可能是妳那張大餅臉的問題。不然就是那對瞇瞇小眼。』儘管事隔多年，這些話都還迴盪在我腦中……我還記得會在鏡子前練習微笑時眼睛不要瞇太小。」

就跟許多嚴重自戀者的女兒一樣，雪倫根本不可能符合母親的期待，而且母親還會不停地提醒她這件事。

雪倫說：「我知道外婆以前對她很不好，她以此為藉口不停羞辱我。她顯然對我的各方面都不滿意，總是想盡辦法挑我毛病。我就是無法讓她開心。某年我得了一項跟數學有關的獎，她卻告訴別人都是她在幫我寫作業，我沒有她的幫忙根本做不好。她偶爾會稱讚我『做得不錯』，但我知道不是真心的。她覺得自己以前比我強多了。我看得出來。我就是不知道該怎麼讓她以我為傲。」

每回被母親批評，雪倫都會感覺糟糕、受傷又渺小，就算每次嘗試化悲憤為力量，嚴重自戀的母親也會要她目標別訂太高，還要求她「謙卑」一點。這類型母親的女兒往往因此變得害怕嘗試新事物，就算試了也覺得一定會失敗。

雪倫非常聰明，一路努力完成了商管碩士學位，但身為圖書館員的母親卻盡其所能地打擊她，「我覺得妳不是當生意人的料。」雪倫在就學過程中一直努力壓抑心中自我質疑的聲音，但就是無法鼓起勇氣投入最有興趣的工作領域：銀行業。

雪倫說：「讀研究所對我來說是件大事，我很驕傲自己完成了這件事。但光想到去大公司面試可能會搞砸，我就恐慌到不行，所以只敢申請一些小公司。最後我被兩家公司拒絕，也沒再接到任何消息。我實在不需要給自己這麼大的壓力。我對自己要求太高，沒辦法處理焦慮，所以那時只能暫時在書店工作。我寧可做現在的工作，也無法面對被拒絕的痛苦。目前只有拿到學位這件事足以證明我的能力。」

雪倫的母親徹底摧毀了女兒的自信。一般而言，面試時緊張很正常，但雪倫的緊張卻升級為焦慮，甚至將此視為不該繼續嘗試的徵兆。母親總是讓她覺得「妳不夠好」，這句話在她腦中不停迴盪、放大，最後她得逃避現實才能關掉那個聲音。所以她逃跑了。

這已經不是第一次了。母親總是讓她覺得自己毫無價值，她也沒有反抗，甚至任其形塑自己的人生道路。

「壞母親」曾經也是好母親？

嚴重自戀的母親的不安全感愈強，表現出來的戲劇化傾向、怒火或優越需求也愈強。但通常只要需求獲得回應、剛好那段時間自信心足夠，或者沒遭受到孩子激烈挑戰時，她就會冷靜下來，不再需要展現「三Ｄ」，也不會想批評任何人。

這時候的她很不一樣——不但更和善，也更能提供情感支持。有些女兒很少看見自戀的母親好的一面；另外有些女兒，則始終對同時擁有「好母親」及「壞母親」感到迷惘，因為她們通常在年紀很小時見過母親美好的一面。

這種模式很常見。

自戀的母親在孩子還小時承受的壓力較小，身邊的人也還沒開始大肆讚美女兒的成就，因而樂於擔任導師或楷模的角色。不過隨著女兒長大，母親開始把成年後的孩子視為敵手，於是引發了挑剔、爭寵和吃醋的模式。女兒同為成年女性的事實觸發她的不安全感，被取代的恐懼揮之不去，於是出現了我們在本章中常見到的自戀行為。

許多女兒深受這種「好母親」的回憶所苦。一旦好母親不再持續出現，她們無法信任偶發的關愛，也很難重新感受到與母親之間曾自然流動的親暱。但為了找到這位好母親，她們往往不惜扭曲自我。

・珍恩：「我曾是她的女兒，現在卻只是她的對手。」

珍恩是一名三十三歲的演員，主要以廣告及接戲為生，另外還有父親留下的小筆遺產。她年輕、美麗，有一頭灰金色的頭髮，我卻無法忽視那對綠色大眼底下的黑眼圈。她坐在我對面時，不停焦躁地玩弄手鐲。在問過她的基本資料之後，我問她需要什麼幫助。

珍恩說：「我的人生一團糟。最近有個很棒的機會，我可以在某齣影集中擔任第二主角，但打從得知消息後，我就焦慮到不行，只好靠吃來放鬆，結果胖了三公斤。我的指甲都咬光了，根本睡不著。導演都問我：『妳到底是怎麼了？』還說我得減掉幾公斤。我的朋友安娜說我在糟蹋自己。我得振作起來。」

她的許多狀況顯然符合自我糟蹋的定義。為了解決問題，我請珍恩把注意力集中在讓她瀕臨崩潰的恐懼與思緒，然後想像她的焦慮情緒如果能說話，此刻會說些什麼？

她想了一下。

「應該會是：『妳以為妳是誰呀？妳根本不美，每件衣服都穿不下。妳就是個失敗者，一定會搞砸這份工作。』」

那種自我批判非常尖酸，不像一般年輕女性腦中會出現的台詞。於是，我問身邊是否有親近的人常挑剔她，答案很快就浮現了。

珍恩說：「嗯……我媽實在不是個有辦法支持我的人。我邀請她來看某場戲的排練，以為她能從中得到一些樂趣，結束後，我問她覺得戲怎樣，她說感覺不錯，但又看著我說：『聽著，親愛的，我並不想讓妳難受，但妳真的比不上梅莉・史翠普。』這實在很怪，她近幾年常說這種話，但在我小時候真的是個好媽媽。其實還是她鼓勵我成為演員的。在我大概七、八歲的時候，她常帶我去看戲，不是那種演給小孩看的玩意兒，我從此愛上了表演。那段日子真的很棒。我很高興能分享媽媽喜愛的事物。她年輕時演過一些戲，我也想跟她一樣。我把她當成偶像，但之後她變了，等我年紀大一點之後……簡直像是失去了她。」

許多個案都提到兒時與母親相處愉快，生活中充滿歡笑與擁抱，所以一旦到了青春期，母親戲劇化的轉變往往令她們非常迷惑、心碎：妳曾有過母親，但突然間又沒有了，然後妳會一直思考自己做錯了什麼。其實答案很簡單：妳不再是那個笨拙、平胸的小女孩，妳的存在開始威脅到她身為女性的地位。

隨著談話進行，珍恩發現這段關係的改變能追溯至她的高中時期。

「我媽會想跟我的朋友和男友當朋友，但不是以媽媽的身分。我發現她會在對方來我家時先搽口紅，也會留在廚房跟我們閒聊，彷彿這些人是**她的**朋友。她也會與大家稱兄道弟。她會拿我開一些惡劣的小玩笑，好像覺得這些『好姊妹』有我這樣的朋友很可憐。等年紀大一點之後，我不會讓約會對象來家裡接我，因為我媽會跟對方調情過頭。她會穿很暴露的上衣，而且一直往對方身上貼，身上滿是香水味。某次我們在廚房為我的某個約會對象準備咖啡，她小聲對我說：『我看得出來，他其實比較想約我出去。』」

就在那瞬間，母女間的界線模糊不清得令人困惑。好鬥的母親竟然戴起拳套直接站上情感競技場。珍恩告訴我，隨著年齡增長，她們之間的競爭變得更激烈。

「我記得大概是十七歲，當時的我聰明漂亮，但也很沒安全感。那時，一個我很迷戀的男孩甩掉我，我真的很難過。我們跑去某個傢伙經營的牧場度假，就是那種很無趣的家族旅行，我根本不會騎馬，去了也不知道做什麼。爸媽和姊妹想去健行，我也跟去了，因為不想掃興。但我覺得自己好慘，整個人狀況一團糟。健行結束後，我坐在小木屋前廊，心情惡劣至極。這時我媽走來坐在一旁的階梯上，臉上的表情似乎很友善，我心想：『她懂我有多痛苦，可能真會說一些安慰人的話吧。』但過了一會兒，她嘆氣，開口說：『妳知道嗎？親愛的，面對現實吧，妳不可能跟我一樣有運動細胞，不可能成為跟我一樣好的騎師。妳永遠不可能成為跟我一樣的女人。』」

為什麼她會說出這種話？根據我之後的了解，珍恩的母親潘姆對婚姻很不滿，早年想成為女演員卻不得志，所以逮到機會就要砲火集中地攻擊珍恩的弱點，除了藉此得到優越感，也為了暫時緩解內心的不安全感。

但珍恩及其他許多女兒明明只是想被愛、被安撫，卻發現激發了母親的好鬥精神。這類經驗總是讓她們心碎。

珍恩說：「我好受傷，好困惑，一直自問：『我說了什麼嗎？還是做了什麼？我有什麼問題嗎？為什麼她不愛我了？』我到現在還能在腦中聽見她說的那些話……我好想縮成一團球後直接消失。」

珍恩沒有放棄成為演員這條路。一開始，她在大學裡參與戲劇製作，接著是社區劇院，然後開始接到一些能夠上電視的小型演出機會。她以為母親會因此雀躍不已，並再次成為那個愛她的媽媽，但得到的結果總是差不多：沒有鼓勵，只有無止境地輕蔑與批評。那個女人本來是她最忠實的觀眾，現在卻只會說風涼話，例如：「我很樂意陪妳對台詞，但實在對妳結結巴巴的口條很不耐煩。我一直以為妳的記憶力跟我一樣好，看來不是……」

母親傳達出的訊息很明確：無論妳做什麼，我都能做得比妳好。

珍恩說：「反正我總是比不上她，這點讓我很受傷。我以為我們可以一起做這件事，分享其中的快樂。我真的不懂，她是我想當演員的最主要原因，但當我真正去實現時，她又不開心，好像我想要挑戰她還是怎樣。總之我們的關係一直就這樣了。」

◎好鬥背後的需求：空虛

如果是一個心理健全又滿足的女性，勢必不會想跟高中女兒搶男友，在女兒剛成年的各種小心探索與嘗試過程中，也絕不會出手打壓。她們一旦發現女兒正經歷非常害羞、脆弱的階段，就會想起自己走過類似的路，也會試圖幫助女兒走得輕鬆一點。

珍恩的母親卻是自戀的母親，無法出現這類同情心，這類母親缺乏安全感，內心也深藏強烈的被剝奪感。那是一種無法被滿足的渴求，她永遠覺得自己擁有的不夠多，因此，只要他人獲得成功，即便對方是自己女兒，都會妨礙她填補內心空缺。就某種程度而言，她們就像亞洲文化描述的那種「餓鬼」：這種生物擁有巨大的胃，但嘴巴極小，喉嚨又細，永遠吃不飽。這幅圖像很適合用來描述無法滿足的自戀的母親，她們拿到什麼都吃，尤其遇到妨礙她們得到男人、金錢、尊嚴和感情的對象，她們更是毫不留情。只要一意識到妳是競爭者，她們面對妳時永遠感覺芒刺在背。

這種「永遠不夠」是一種扭曲的認知，但根源究竟為何？最可能的答案是，這類母親過去也曾被迫競爭稀少的情感資源。她或許也有個好鬥母親，成長過程中也總是無法獲得滿足，畢竟無論索求什麼似乎都在剝奪母親，或者把母親推得更遠，而一切都令她不知所措。又或者她有許多手足，從小就得跟兄弟姊妹或其他同輩小孩爭奪長輩的愛或好東西。

她們害怕被剝奪的空虛感，把恐懼藏在看似自信的外表之下。當她極度渴望地搶奪某些事物時，會使用自戀者的典型說詞將行為合理化：「我本來就高人一等，所以有權得到這種好東西。」但這種說詞經不起考驗。不過，如果我們想更精確地描述自戀的母親的心態，應該是：「我有權得到這種好東西，是因為**必須感覺**自己高人一等。」但這類母親不會花太多時間去質疑自己的假設，更別提檢視自己的動機。

◎妳習慣她對妳的成功不置可否

許多女兒像珍恩一樣，從小就渴求情感鼓勵與支持，但直到成年，她們面對的卻是母親對女兒心存嫉妒，對她們的成功也不置可否。珍恩還算幸運，至少小時候曾得到稱讚，但年紀稍大後，她就不再信任母親的好話，因為隨之而來的往往是貶低人的打壓。她對母親那種「勇敢去嘗試，但別期望太高，畢竟妳不夠好」的態度感到迷惑，卻也在逐漸內化後，信以為真。

珍恩說：「我永遠忘不了接到第一支廣告時有多興奮！我把消息告訴身邊所有人。為了告訴母親這個好消息，我邀她來吃晚餐，事後證明完全是個錯誤的決定。我才把消息說出口，她立刻說：『聽起來很棒，親愛的，但對成果的期望別太高，畢竟妳不是很上相。』我不希望妳誤會我媽，她還是有好的一面。比如才說了我拍照有多不好看，她的態度又有了一百八十度的轉變，『但沒關係啦，我們一定能想出補救辦法。』她拿出車鑰匙，『我在百貨公司看到一件毛衣，很襯妳的綠眼睛，一定能讓他們眼睛一亮。』然後她為我買了一堆漂亮衣服。真搞不懂她是怎麼回事。」

儘管自戀的母親說話傷人，時不時還會放點冷箭，但她有時確實會表現出真心希望妳成功的模樣。她們的好意或許帶刺（「我們一定能想出補救辦法」），但她之所以願意這麼做，通常是為了重溫曾身為幼小女兒心靈導師／楷模的過往。而且確實有那麼一瞬間，她是真心享受妳的成功帶來的榮耀，畢竟她是母親，對女兒的成就多少有些貢獻，甚至可能是幕後最大功臣！

透過妳的成功，她也能投射自己依然年輕、迷人、才華洋溢且天資聰穎的幻想。

「妳似乎從母親身上接收到很多彼此衝突的訊息，」我告訴珍恩，「聽起來是這樣：『我會幫助妳達成目標，因為想透過妳享受失落的人生；但拜託妳失敗或表現得比我差，我才有辦法自我感覺良好。』」

她說：「我的老天，我媽就是這樣！我看得出來她很渴望擁有我的生活，也想幫助我成功。她覺得我的生活多采多姿又刺激。但在此同時，她又**不要**我表現太好，也不願意讓我偶爾出出鋒頭，可能會讓她覺得自己是個失敗者吧！真的很詭異。她明明看不起我，卻又羨慕我。」

對於珍恩而言，正因母親只願偶爾略施小惠，她在工作時也出現猶豫不決的自我挫敗傾向。

如果她在試鏡時表現良好，或許能取悅那個替她購買昂貴衣物的好媽媽，也就是常在小時候鼓勵她的母親；但要是真的成功，母親會立刻被激起妒忌心及其後續各種效應。

假如妳是渴望重新與自戀的母親親近的成年女兒，常會因此陷於兩難，進退維谷，不知自己為何總在處理重要工作時拖拖拉拉，或者在出席重要場合前夕不停地大吃變胖。

妳所經歷的是一種「推拉感」：明明想要成功，卻總被一股神祕力量拖累，若追根究柢，那股力量通常是深刻的罪惡感。妳的母親讓妳覺得不該實現內心渴望。妳從她身上學到的最大教訓就是：千萬不要表現得比媽媽好。

◎她的妒忌心會傳染給家人，也包括妳

因為在成長過程中常被母親嫉妒，女兒往往也變得善妒。此外，只要是別人有的東西，母親都想要，女兒因為目睹這種無窮無盡的欲望，很快就成了母親的接班人。

珍恩說：「我大概十四歲開始為男生瘋狂，主要是想藉此離開家，算是透過關係來定義自己吧。但只要朋友有男友，我沒有，我的心情就會變得憤怒、沮喪，『妳怎麼可以擁有我這麼想要的東西呢？』現在情況還是一樣。我還是無法忍受朋友在我單身時有男友。」

她告訴我，直到現在，當母親拿她和別人比較時，那種善妒的火星還是會飄進她心裡。

「我媽喜歡寄其他女性婚姻或事業成功的剪報給我，或者直接打電話說：『知道表姊愛米的事嗎？聽說她男友帶她去南法三個禮拜……』我才不想跟她聊這件事，所以說：『這樣不是很棒嗎？』希望可以藉此結束話題，但我媽繼續說：『是很棒……為什麼妳就**找不到**這種對象？』她讓我感覺糟透了，這下我對表姊只剩妒恨。我討厭這樣。」

母親不需要把想法直接說出口，這段話的意思很明確：妳輸了一場根本不知道有參加的比賽。比起表姊，妳就是比較不美，也比較不性感。妳怎麼搞成這樣？

如果妳有兄弟姊妹，好鬥的母親可能會不停地挑撥離間，才能透過藉機掌控場面而產生優越感，並因此成為最後的贏家，因為大家熱烈爭奪的正是她的認可。

妳可能是母親心目中不可能犯錯的金童，也可能成為一切錯誤的代罪羔羊，一切全憑她心情。就算妳常擔任代罪羔羊的角色，也可能突然有一陣子成為母親最喜愛的孩子，而且感覺就跟幼時一樣美好。但要是妳的光彩、微笑或合唱團獨唱表演精采，她覺得受到威脅，很快就會有別的孩子取代妳的位置。

在妳和兄弟姊妹成長的過程中，她會藉由金錢、禮物或遺產的分配，來操控這場測試家庭忠誠度的戰爭。透過這場戰爭，妳能窺見母親被剝奪感的源頭，因為她在操弄妳和兄弟姊妹時，用的通常是自己曾被對待的方式。只不過這次，當她的孩子彼此嫉妒時，她能置身事外。這次她可以成為**贏家**。

妳永遠也不可能取悅她

儘管如此，許多嚴重自戀的母親的女兒在成年後仍不放棄希望。她們堅信有機會修復母女關係，母親也可能變得慈愛。

妳**想要**相信她真心在意妳的幸福。那種欲望的程度之強烈，可能連妳自己都會驚訝。

珍恩說：「我前幾天去找我媽，吃完午餐後，她說在毛巾櫃深處找到一本老相簿。她把相簿放到咖啡桌上，我們一起翻看，裡頭有很多我小時候的照片，還有幾張是我們去紐約旅行時拍的。我已經好多年沒看過這些相片了。我們坐在那裡看了好久，許多回憶湧上心頭。真不敢相信，我竟然如此懷念當時的母親。真希望我有辦法讓她快樂。」

雖然令人感傷，但她成功的機率非常低。要取悅一位自戀的母親幾乎是不可能的。然而，女兒通常不願接受這項事實。她們總在尋找適當的說詞或表現，好聽見極少表露真實情感的母親說一句「謝謝妳」或「我愛妳」。

唐娜是我們在本章一開始就認識的女性，也就是戲劇化天后的女兒，她跟我說了一個非常生動的故事。

「我決定為母親的六十五歲生日辦一場派對。我想辦得特別一點，所以叫了外燴，還把房內布置滿氣球。我以為她會喜歡，因為她會成為所有目光的焦點，一定能讓她開心。我邀請了一些親戚和她的朋友。

「我還花了好幾天搜尋完美禮物，最後終於找到一件精美的中國雕塑。雖然花掉大筆存款，但心想：『管他的！』結果她才打開禮物，就一臉不喜歡的樣子，而且絲毫沒有試圖掩飾不滿的反應。所有人離開後，我覺得很失望。隔天早上，她打電話來，當然啦，我以為她是要感謝我，畢竟派對真的挺溫馨的，但她連句『哈囉，妳好嗎？』也沒說，直接質問：『妳為什麼非得讓大家知道我幾歲？其中有些人本來根本不知道。妳是故意要讓我丟臉的嗎？』

「我真的好想哭。不管做什麼都不夠。」

自戀者太愛面子，這份需求永無止境，因此，就算面對立意良善的示好或話語，她們都會透過自我指涉的透鏡將其扭曲。一旦她認定某件事就是為了使她難堪、丟臉，妳幾乎會立刻成為她們的懷疑目標。目前仍未有針對自戀導致偏執的完整研究，但當自戀者將妳的善意解讀為蓄意羞辱時，妳多少能感受到兩者間的關聯。

·母親就是妳看到的樣子

自戀人格失調的母親有時願意一起來諮商，女兒通常會因此再次燃起修復關係的希望，但她們面對治療的反應並不好，因為缺乏促成改變必要的自我覺察及內省的能力，就算來諮商也不過是表面應付。反正只要沒有得到需要的注意力及關愛，她們的習慣就是怪罪他人，並藉此逃避承擔自己的行為足以傷人的責任。她們太擅長此道，藉此自我感覺良好，因而也找不出改變的理由。

這些母親的人格失調問題過於根深柢固，因此行為並非基於情境，而是源自她們的人格核心。

但在持續探索這個艱困的領域時，請別忘記，妳的核心與母親完全不同。妳確實從她身上習得傷人行為，也因此背負許多痛苦，但都不是永遠無法擺脫的枷鎖。我將在本書中不停地提醒妳：無論母親對妳說了什麼，妳都是個健康的人。妳可以改變。

第三章

過度糾纏的母親

「妳是我人生中的一切。」

或許妳聽過一個著名的人道組織「無國界醫生」，而在本章，妳會認識另一群知名度差很多的「無邊界母親」。糾纏的母親需要女兒時時刻刻地陪伴，讓她覺得存在有意義，並提供她生活中缺乏的刺激。妳就是她的一切。

有些時候，糾纏的母親提供的親密似乎是任何年紀的女兒渴望擁有的禮物。妳們之間確實存在某種溫暖，面對妳的成就，她也算是懂得欣賞並真心讚許。但即便妳年紀還小，就會發現她想要的「親密」非常讓人窒息、充滿侵略性，而且是條單向道——無論妳感覺如何，她都一意孤行。這類母親無法放手，情況最嚴重時還會緊迫盯人，參與妳的所有計畫，確保自己處於妳的世界中心，並深信自己做的一切都是為了愛。一旦妳長大後想擁有屬於自己的人生藍圖，並將自己的需求和願景告知母親時，只要其中不包括她，通常都得經歷一番激烈的角力。

這類母親與其他無愛母親一樣，都將自己的需求放在第一位。就算妳已經擁有了自己的人生，她仍希望妳像小時候一樣成天跟在她屁股後面。她願意給出許多承諾，也樂於讚賞，但前提是妳得將心思放在她身上。只要妳不配合她的願望和需求，她就會試圖以愧疚感控制妳。

翠西：當情感成為枷鎖

二十六歲的翠西是一名助教。生了第一個孩子後，她發現家裡的情勢實在過於緊張，只好找我求助。我問她覺得可能的原因是什麼。

「我已經想很久了，我媽應該給我一點空間，我丈夫道格也抱怨很久了，因為無論我們有什麼計畫，她都想參加。其實我很習慣有她在，畢竟以前無論情況好壞，我們都陪在彼此身邊。但在我生了莉莉之後……雖然不想承認，但道格說得沒錯，她真的失控了。」

我請翠西告訴我一個例子。

她說：「在產房時，我只想要道格陪產，所以他通知我爸媽在休息區等待。我媽很不高興，說她應該跟我一起在產房才對。道格非常有禮但堅定地拒絕了這項要求。產房外有個按鈕，結果我媽竟然每隔兩分鐘就按一次，我真的嚇壞了。護士開門，她要求進產房，但護士表示我不打算再讓任何人進去。她竟然開始哭：『我得進去陪在我的小女兒身邊。』她不停地說：『我的小女兒需要我。』護士把門關上，她卻還是不停地按鈴。我丈夫只好出去動手制止她，真的是動手。她就是無法忍受與我分開，乍聽是件好事，但我就是不希望她在場，我只需要道格。他因為這件事很不開心，我媽也不跟我說話。我真的覺得好內疚。」

對翠西而言，這種壓力、緊張和罪惡感早已是她的日常生活。她的母親珍妮絲在讀護理學校時懷了翠西，為了撫養她而放棄學業。「媽為我放棄了一切。」翠西說的是我早已聽過無數次的家族故事。根據翠西表示，珍妮絲的婚姻和事業都不符合自己的期待，內心有個巨大空缺，但至少還有女兒。於是翠西成為她的夥伴、她的密友，也是她生存的理由。

翠西說：「還記得八歲時，我們一起搭地鐵，當時剛看完電影，她抱住我說：『妳真是我最好的朋友，妳好聰明，真是個好夥伴。跟妳爸相處真的很不開心。』我覺得很驕傲，但內心又隱約覺得不太對勁。畢竟妳不會想在八歲時成為媽媽最好的朋友。妳會希望她和爸爸關係親密，也希望她有自己的朋友。妳只想當她的小女兒。」

翠西告訴我，她父母的婚姻狀況始終不太好。珍妮絲懷孕後立刻跟孩子的爸爸結婚，但兩人始終處不來。年輕的丈夫常徹夜不歸，婚後沒多久就開始外遇，珍妮絲被迫在這種情境下另尋安慰，幾乎把翠西當作滿足一切需求的來源。她逃到女兒身邊，因為這個小女孩能不加批判地對她獻上完整的愛，也幾乎是她最需要的：無條件的愛。

珍妮絲彷彿非常喜愛女兒。做母親的誰都不想要，就想跟女兒在一起，這怎麼可能是壞事呢？但即便只有八歲，翠西也知道這樣不太對勁。

在翠西小時候，珍妮絲這類母親非常奉獻，從未忽視孩子，但她可能老繞在女兒身邊，希望確保孩子永遠不會失望或感受到任何困境（而且無論女兒多大，她總會提起這件事）。她會努力幫助孩子拿到好成績，想辦法為孩子爭取參加某場生日派對，或者買來時下正流行的玩意。這些行為乍看之下很有愛，但當女兒試圖脫離這種關係，開始探索、表達自己的欲望時，一切就顯得有點過頭，母親原本認定為親密、愛與情感連結的行為，都會瞬間成為運作精密的枷鎖。

健康的母女關係應該充滿可調整的彈性，就算母女之間出現距離也無妨，當然，也要能包容衝突與歧見——包括意見、感受、需求和欲望等歧見。孩子大約會在「可怕的兩歲」時測試兩人之間的關係，理想上來說，她將首次對母親說：「不！」然後發現就算為了堅持自我而反抗母親，兩人之間的愛也不會消失。她可以保有自我，和母親之間的關係不會因此受到任何危害。

隨著年齡增長，孩子會更勇於獨自探索這個世界，過程中可能跌倒或犯錯，但如果夠幸運的話，就算行為乖張或做出傻事，母親始終會是一個安全的避風港。這點在青少年時期尤其重要，女兒通常會在此時尋找自我，並為此測試各種極限、努力想搞懂男孩這種外星生物，甚至試圖決定自己將成為什麼樣的女人。母女關係本來就不可能一路順遂，就算彼此付出許多愛，關係仍可能出現裂痕或動盪，但根柢上必須湧動著完全彼此接納的情感，也要能幫助女兒擁有成長、進化並成為獨立自我的勇氣。

但糾纏的母親沒有在考慮這種事，她們不只藉由母職來定義自我認同及存在價值，還用以安撫常見的被拋棄恐懼。她們或許有伴侶、事業、朋友，但母親的身分使一切相形失色，因為那個依賴她、需要她的孩子彷彿丟失的拼圖，完整了她的樣貌。她們所需要的「親密」把女兒逼得密不透風，女兒根本不知道她和母親之間的邊界在哪裡。

糾纏者會將人生幸福的責任推到妳身上。她們不會教導妳建立自己的人生，反而會為妳銬上感情手銬，不讓妳走。

・分離焦慮

分離其實是尋常且必要的過程，過度糾纏的母親卻會因此覺得失落，感到受背叛。每次只要妳試圖成長、保持距離或離開，她就會努力把妳拖回去。

成長總有許多過渡階段，包括女兒離家上大學，這些階段常會觸發母親強大的空巢症候群。其實無論是翠西高中畢業，或是在此之前，珍妮絲都有許多改善人生的選擇，例如回學校讀書、重操舊業，或尋求婚姻諮商的幫助。總之沒什麼足以阻礙她的人、事、物。但當時的她太習慣利用女兒填補內心空缺，所以把所有心力都專注於此。

翠西說：「我離家上大學時有夠尷尬，明明只是要去別州讀書，她卻為此大吵大鬧。後來冷靜下來的原因之一，是因為我有個阿姨就住在我的大學城，她能以探親為藉口來確認我的近況。她隨時都會『剛好』來看我一下，有夠煩，而且一天到晚打電話來。只要我回家時間晚了，就會發現電話響個不停。每次打來的都是她，然後一項項確認我最近跟人見面的行程。感謝老天，當時還沒有手機。現在手機就像她的毒品，她一天到晚都用來找我，不是傳簡訊，就是想要視訊聊天，現在我有小孩之後，情況更嚴重。我知道這樣說很可怕，但我覺得她就像隨時近身監視我一樣。她根本就像我的GPS定位系統，隨時都知道我在哪裡。」

這類母親常說出「很高興我們一起經歷了這件事」或「很高興能在身邊支持妳」之類的話，卻很少問女兒是否需要這些陪伴。她們設計了一個自給自足的母女封閉世界，並將此視為所有女兒都渴望擁有的「特別的恩惠」。

結果，女兒往往因此接受自己得留在母親身邊的命運，把母親視為人生最重要的任務。她們的工作就是確保母親快樂。

史戴西：母愛恩惠的附帶條件

受母親糾纏雖然很痛苦，但她們的黏人有時很像愛，至少乍看之下很像。過度糾纏的母親可能在妳急需時提供金錢、資源或經驗方面的幫助，簡直像從天而降的天使。

但通常還伴隨著意想不到的條件。

有時候，她的幫助真的很大方，會讓妳無法克制地覺得虧欠，而且會因為依賴更顯得舉步維艱。她們不幫助妳站穩腳步，也就能讓自己成為不可或缺的存在，此時她們就有理由接管妳的人生，甚至可能直接搬進妳家。

史戴西三十七歲，體格健壯，最近剛跟一家小型建築公司的老闆結婚，目前也在這間公司幫忙。她之所以來找我，是因為丈夫布蘭特最近下了最後通牒，要她處理母親貝芙莉總是入侵兩人生活的問題。史戴西非常迷惘，對她而言，母親其實是個好幫手。他們的建築事業因為經濟不景氣而營運困難，再加上史戴西前段婚姻還有留下一個八歲的兒子和一個六歲的女兒，兩人必須盡力確保生活無虞。此時，她真的不想跟丈夫起任何衝突。

「他竟然要我在母親和他之間做選擇，還說他可沒計畫跟兩個女人結婚！他說他很愛我，不想放棄這段婚姻，但真的快被她逼瘋了，也受不了我在她身邊的怯懦模樣。他說無法忍受自己總是心懷怨懟。我愛他們兩個人，但真的很為難。」

我問史戴西，一切究竟是如何走到這步的。

她說：「我猜一切都是從我媽買了她家隔壁的房子開始的。她是房地產仲介，賺很多錢，願意以非常低廉的價格租給我們。哎呀，當時我們才剛結婚，經濟上又比較困難，布蘭特的公司收入不好，我賺的也不多，要應付每個月的開銷確實有點勉強。我媽買了間這麼好的房子，我們幾乎不花什麼錢就能住進去。所以我想：『太好啦！』她進一步提供更好的條件，表示：『我可以幫忙煮飯，孩子放學回家我可以照顧，這樣可以幫你們省掉很多錢。』當下聽起來是個很棒的主意。此外，如果我們住在她隔壁，她也不會那麼寂寞。她在幾年前終於跟我爸分手，兒子多年來也都住在別州，我和布蘭特是她身邊僅有的家人。我知道她退休後始終想找些事情來做，這樣做似乎是雙贏……她一定會很開心，我們也可以喘一口氣。布蘭特一開始無法接受這種安排，但我一直懇求，他終於還是答應了。」

大多時候，兩代人住在一起會有界線不明的問題，不過如果貝芙莉能尊重小倆口隱私，也理解他們需要獨處時間，這種安排仍有成功的機會。但她的作為恰好相反。

史戴西說：「她一天到晚待在我們家。我們試著禮貌表達內心疑慮，因為她真的幫了不少忙，但我們現在簡直跟三劍客沒兩樣。如果我們外出晚餐沒邀請她，回來就得面對好幾個小時的沉默抗議。我們有給她家裡鑰匙，這樣我們兩人有工作時她能進來，但無論白天或晚上，她隨時都會突然走進來。每次聽到她說：『哈囉，有人在家嗎？今晚電視會播一部很好看的電影，我真的很想跟你們一起看……』我都不敢表示什麼。她都在我們家待到很晚才願意回去，通常我們也累到只能倒頭就睡。明明才結婚不到兩年，我們的性生活就少得可憐。」

史戴西此時才明白，雖然住在這裡房租低廉，又有人幫忙煮飯及顧孩子，但代價也非常高。媽媽簡直跟搬進她家沒兩樣。她的婚姻更因此岌岌可危。

就像其他過度糾纏的母親一樣，貝芙莉的作為完全不考慮史戴西的情緒需求。一如往常地，她藉由在史戴西生活中建立的絕對重要性，不但想辦法進駐女兒家客廳，甚至入侵了她的婚姻。她當然能自認是在女兒低潮時伸出援手，並以此說服自己與女兒，她也確實幫了不少忙，但無論對母親或女兒而言，這不過是貝芙莉想與女兒史戴西保持聯繫的說詞。只要史戴西「欠」母親愈多，就會為了爭取身為成年人的基本權益愈有罪惡感，貝芙莉也會更加認定自己有權在女兒生活中占據主導地位。

‧「讓我幫妳」的陷阱

這不是一種新出現的模式。貝芙莉和史戴西已經困在這個彼此依附的困境中很久了。

史戴西說：「我是家中的問題兒童，在學校一直很辛苦，六年級時才發現有輕微的學習障礙。我媽本來以為我是懶惰，總是想盡辦法激勵我，或要我參加一些新的補救計畫。

妳也可以把我想成她的一個『補救計畫』。她為我做了好多，有時甚至直接替我做功課。她幫了很大的忙，但總是一副我什麼都做不好的樣子，可是我的體育表現明明一直很好。她關注的都是我做不到的事，一天到晚想把我變成正常人。我知道我需要幫助，也很高興有她陪伴，但總覺得只要沒她就什麼都做不到。她會說一些令人喪氣的話，例如：『妳確定要修戲劇課嗎？必須讀劇本喔。』讓我覺得自己好笨。終於，有個老師建議我去做檢查，才發現我有閱讀障礙。我真是鬆了一口氣。後來我請了家教，也進入特教班，情況總算改善。但自從知道我有閱讀困難，我媽就表現出一副我無法獨立生存的樣子。她太保護我了。要是我和朋友出去的時候，她想跟來好在點披薩時替我讀菜單，我也不會驚訝。」

對母親而言，看到孩子表現不佳時當然會於心不忍，自然也想盡量介入幫忙，但在一段健康關係中，終極目標應該是讓孩子獨立。正因為母親一路以來的幫忙，史戴西反而覺得自己是個沒用的人，明明有許多長處，最後卻只關注自己的弱點。

一旦孩子被灌輸了「我自己做不來」的觀念，自信產生空缺，此時，糾纏的母親就能趁虛而入。儘管不見得有意識，糾纏的母親確實會對有能力「拯救」女兒感到驕傲，也因此得到滿足，卻沒意識到小孩也是真實存在的個體。正如史戴西的觀察，她只是母親的「補救計畫」，是一隻需要被照護的折翼小鳥。只要她們愈是鞏固這種關係，史戴西就愈難透過自我定義，建立屬於自己的獨立人生。

對史戴西而言，她在高中畢業後的生活幾乎沒什麼改變。母親說服她上社區大學，同時繼續住在家裡，當她在第一學期遇上困難，決定退學時，母親立刻為她在自己的房仲公司找了份工作。她把女兒保護得像溫室中的花朵，不讓她有任何失敗的機會，所以史戴西從未嘗試挺過困境，也不懂如何在受挫後振作起來。

「為我媽工作一段時間後，我覺得好無聊。那時，我終於找到了一點屬於自己的生活動力。我對房地產沒興趣，到處帶客戶看房子也算不上愉快，所以跑去健身房擔任私人教練。那是我一直想做的事。然後我認識了一個人馬克，他是我的學員，長話短說，反正我們很快就結婚了。我總算有了自己的生活，真的很開心。我們有很多共通點，一開始處得不錯，但泰勒出生後，關係開始出現問題。我指責馬克在家不夠幫忙，還把我的付出視為理所當然。他的脾氣也愈來愈常失控。結果我很笨地跑去找我媽討論這個問題。當然，她站在我這邊，於是我愈常跟她討論，就愈難體諒馬克的處境。我媽一直說：『回家吧，妳不用忍受那些。』他發現了這件事，我們大吵，我只好帶孩子搬回我媽家好幾次。她說我們想待多久都行，也願意幫忙提供經濟援助。我第二次搬回去時，馬克大怒，說再也受不了我媽和我。我們的關係在那次之後就難以挽回了。」

兩人婚姻破裂，貝芙莉再次把女兒接回羽翼底下。那是史戴西人生的低潮。不過前陣子，她以為人生終於翻開了新頁。母親似乎很喜歡她的第二任丈夫布蘭特。當貝芙莉表示願意以低價把房子租給他們時，她也是真心鬆了一口氣。

但後續發展不如預期。首先，在這段母女依存的雙人舞中，布蘭特不過是朵裝飾用的壁花。史戴西想同時討好生命中最重要的這兩個成年人，結果卻跟其他過度糾纏的母親的女兒一樣完全失能。她怎麼可能疏遠其中任何一位呢？太冒險了。她覺得快被這場激烈的決鬥撕裂了。

「我發現成年以後，無論面臨什麼巨大決定，我都以取悅母親為目標，想盡辦法讓她快樂。我也發現，有時我會把母親看得比丈夫重要，很病態，對吧？但我在第一段婚姻就是這麼做的。現在我的第二段婚姻也快玩完了。」

我告訴史戴西，我能幫忙把她從危崖邊緣拉回來，但首先她得願意成長，意志也得堅定。目前的她就跟許多過度糾纏的母親的女兒一樣，處在一半女人、一半小孩的尷尬狀態。

蘿倫：學習接受艱困處境

蘿倫是四十六歲的股市交易員，最近剛離婚，有兩個青春期的女兒。她來找我諮商是因為離婚過程不順，成為單親媽媽後責任加重，工作方面又有不少壓力。不過沒談多久，她就表示其實還有一個巨大的壓力源頭：長久以來，母親都習慣無視於她的規劃與隱私。

蘿倫說：「我在週間時已經很焦慮了，但週末更嚴重。我通常在禮拜六時跟孩子相處，晚上出門約會或和女性朋友吃飯。有問題的是禮拜天……我和我媽有個傳統，已經很久了，就連我結婚時也沒間斷，她會來找我吃午餐，然後一直待到晚餐時間。我爸大概八個月前因為癌症過世，她一直無法完全重拾正常生活。她說現在只能為我和我的兩個女兒而活。她會在每個禮拜天正午準點出現。我變得很怕週末，因為從禮拜六早上就開始焦慮，等於整個週末都毀了。她太需要我了，我感覺室內的空氣都被她吸乾了。」

我請蘿倫告訴我一個例子。

她說：「就在上禮拜天，我媽照例來我家。我最近有參加一個為洛杉磯愛樂募款的團體，所以受邀參加愛樂舉辦的一場溫馨活動。當時我正在準備午餐，我媽一如往常地到處翻看，於是在我桌上看到邀請函。我本來打算獨自參加，希望有機會認識一些有趣的男人，所以當她一邊揮動邀請函，一邊走進廚房時，我就知道有麻煩了。」

我說：「等等，她怎麼可以翻妳的東西？」

「喔——她打從我小時候就會那麼做。我大概是習慣了。」蘿倫說。

她告訴我，她母親總是堅持兩人之間「不能有祕密」，當然也代表毫無隱私可言。

「我不知道為什麼，但確實常聽她說『不能有祕密』。小時候也不會多想，不過到了四年級，我交了生平第一個密友安娜，問題就比較嚴重。我們真的很要好，常一起賴在對方的家裡。某天下午，我們一邊傻笑一邊亂聊，大概是因為她收到了喜歡的男生給的紙條吧，然後我把房門關上。幾分鐘後，我媽把門推開，姿態彷彿幼稚園老師，用一種宏亮又裝模作樣的語氣說：『不能關門喔，感謝配合！』接著走進來翻看我們正在播放的唱片，還有我們自創的一些遊戲道具。然後她坐在床上，彷彿要加入我們的話題……我們只好說要去外面騎腳踏車，純粹是為了逃出房間。安娜和我覺得很好笑，不過她後來也不再那麼常跑來。她那套『不能關門』的鬧劇好像把我當幼兒一樣。我媽老是這樣……當我還小時，只要洗澡沒留個門縫讓她『跟我說說話』，她也會不高興。」

這些年來，蘿倫跟母親之間的關係始終曖昧不清（這已經是委婉說法了）。我告訴蘿倫，我們的首要目標之一，就是要改掉那個讓母親隨意審視自己生活的習慣。直到現在，她仍會不請自來地介入孩子的生活，蘿倫真的制止不了。她告訴我，當母親發現那張愛樂邀請函後，立刻到廚房想辦法逼女兒帶她出席。

「她說：『這似乎是個很不錯的派對，自從妳爸死後，我從未受邀參加過如此有趣的活動。妳也知道我有多愛跟藝文人士來往……拜託別拒絕我。』然後又說：『我們一起去不是很有趣嗎？……妳知道的嘛，親愛的，就我們兩個女生。』她用手臂搭住我的肩膀，『有妳陪我真是太幸運了。』

「我完全沒有心理準備，所以像個白痴一樣直接說我打算自己出席。我應該說已經有約人了，但就是很難對她說謊……此時我已經滿心愧疚，完全不知如何拒絕。其實我始終不知該如何拒絕她……所以我帶她出席，過了悲慘的一晚。她就是不讓我離開她的視線，乾脆在我脖子上拴條狗鍊算了。我老是覺得受她操控，呼吸不到自由空氣，完全無法過自己的人生。我的每一寸靈魂都渴求自由，但就是得不到。我到底怎麼了？蘇珊。」

我告訴蘿倫，有問題的不是她，而是她和母親之間的關係。她給了母親掌控自己生活的權利，現在得想辦法取消授權。

・糾纏的母親的愛人規約

糾纏的母親會透過「親密」這張通行證，占領妳的時間與空間。她可能表面上接受妳有隱私的需求，實際上卻不當一回事。她將自己視為妳「最好的朋友」，所以有權瀏覽妳放在桌上的各種物件、翻看抽屜、參加妳的派對、不請自來地跟著妳一起去找朋友喝酒，甚至無須詢問就能溜入妳家中。

這類母親如果守寡或離婚，通常都會感到悲傷、酸苦、怨憤、丟臉或被遺棄，此時更可能對女兒得寸進尺。她希望仰賴女兒緩解內心孤寂，組織社交生活，最終取代伴侶的地位。

她把自己和妳的人生熔接在一起，重新定義並扭曲關於愛的語言，而且不只是語義的問題。如果檢視她在語言背後的行為，也就是那些寫在「我愛妳」、「我們好親密」以及「妳是我最好的朋友」之後的細則，妳會發現一長串條件、限制和規約，而且不但與愛無關，還會抹消妳原本的獨立人格。

對於一位習慣吞噬女兒的母親而言，「愛」代表：

- 妳是我的一切，妳要為我的快樂負責。
- 妳沒有我不能活，我沒有妳也不能活。
- 妳的人生不得把我排除在外。
- 妳的人生不能擁有我不知道的祕密。
- 妳必須愛我勝過其他人。
- 如果妳要的跟我不同，代表妳不愛我。
- 拒絕我，就代表妳不愛我。

她對妳付出的愛非常飢渴、黏膩而且充滿限制。於是妳只理解並預期得到這種愛。妳不知道，愛其實是兩人之間自然流動的鼓勵、擁護、接納及關愛等情感，而且還有非常大的呼吸空間。妳只知道，如果想贏得別人的愛，就得無條件滿足對方所有需求，甚至完全無視自己在關係中的需求及想望。

過度糾纏的母親通常不希望母女關係改變，以確保自己有權裁定其中的所有規約。對她而言，兩人的角色不能更動，妳也不能成長到違逆她意願的程度。「確保一切都保持原本模樣」能讓她感覺安全、舒適，並處於支配地位，因此，所有得以讓她對妳發揮影響力的互動儀式都不能改變。

照理而言，儀式的傳遞未必不健康，有些反覆出現的行為還能提供撫慰人心的溫暖及熟悉感受。例如：在感恩節吃火雞、固定上教堂，或者為了重要節日或場合規劃家族聚會，總之只要是出於自身意願的選擇，通常都能讓人非常愉快；但如果是出於規約或罪惡感，感覺就只像個牢籠。

蘿倫說：「我每天晚上都得向母親請安，向她報告當天的一切。假如某天太忙，沒有回報，她就會失望、沮喪。所以我寧可每天打電話，也不想花上大把時間事後解釋，結果感覺只像背負一種無法逃脫的義務……我決定跟她好好討論這個問題，設定一些界線，但最後還是每晚乖乖撥電話，始終陷在同樣的泥淖裡。」

妳幾乎不可能拒絕以此儀式建立情感連結的對象，因為儀式的根源不是兩人之間自然流動的愛，而是恐懼、義務和罪惡感。這是糾纏的母親的「三位一體」精神。妳一定常聽到做女兒的說：「如果不配合她，我就會很有罪惡感。」或是如同蘿倫所說，母女相處變成了「一種無法逃脫的義務」。

如果妳相信愛是為了不計代價地讓對方開心，必須全面放棄自己的欲望，此後只要試圖偏離這條愛的航道，恐懼、義務及罪惡感立刻會發揮作用。妳會害怕失去母親的愛與關懷，也覺得有義務討母親歡心，因為那是妳身為女兒的責任。妳會因為做出讓她受傷或難過的事有罪惡感，會因為表達真實感受而有罪惡感，甚至因為抱怨或抵抗她令人窒息的行為而產生罪惡感。

於是，這種「瘋狂膠水」般的致命成分，讓女兒始終離不開母親身邊。

糾纏是一種雙向過程

我們在這章談了許多女兒。她們每一位都既憤怒又挫折，渴望逃離令人窒息的母親，但為何沒有採取任何行動？為何她們不阻止母親？她們害怕的又是什麼？

表面上看來，一名女性可能是二十五歲、三十五歲或五十五歲，但就精神而言，糾纏的母親的女兒在心智年齡方面會比實際小很多。無論一個女人表面上多麼精明幹練，內心仍可能住著一個嚇壞的小女孩，而且兩者間的年齡落差可能大得驚人。那個小女孩仍受制於人類的原始恐懼：一旦決定跟母親保持距離，她就不會愛我，**我也不可能活下去**。如果這些女兒不停地接受母親拯救，更會擔心沒了母親協助，自己就沒有獨立運作生活的能力。

由於長久依賴母親，這些女兒多半不覺得有什麼問題，於是下意識地與母親「簽訂合約」，將自主權及大半的成年人生讓渡出去。就算殘存的健全心智表達不滿，為了與此抗衡，妳甚至會願意相信「我沒有媽媽活不下去」，於是，每當母親對妳表達失望或不滿，屈服似乎是妳唯一的選擇。

糾纏的母親非常擅長使用罪惡感操控女兒。每次只要感到失望，糾纏的母親就會記在心裡，並蒐集多次經驗作為女兒必須加倍奉獻的理由，而且表達時會善盡和善有禮之能事。

「我真的很需要和妳吃那頓午餐。我好失望⋯⋯妳沒跟我說要去看那場電影，妳明知道我想看。」她們不需要大吼大叫，有時候甚至一個字也不用說，畢竟女兒從小就已學會透過眼神和表情，判讀母親的情緒起伏。她們的母親不需透過恐懼和義務來獲取所需，因為大部分的女兒會在發現母親失望時，難受到彷彿置身地獄，因此用盡方法要逃避這種罪惡感。

就算只是為了在辛苦的一週結束後找人按摩，並因此取消和母親的約會，妳也會感覺彷彿犯罪般嚴重。她讓妳相信，優先處理自己的需求是一種罪行，沒和她吃早午餐、跟男友約會或甚至想要獨處，更等同犯下重罪。

身陷糾纏處境的人很難客觀看待這些問題，因為母女早已彼此糾纏成習慣。但其實只要稍微保持距離，妳就能以成年人觀點意識到：這裡面存在著一種不健康的依存關係。

現實是，人無法在這種危險又封閉的共生關係中成長，而且這種關係裡沒有成年人，只有兩個緊黏著彼此的驚恐小孩。

・成年人應該擁有選擇與自由

如果擁有糾纏的母親，妳可能非常害怕被遺棄，甚至有分離焦慮，並因此過度依附伴侶或孩子。再加上對自己的能力與毅力缺乏信心，妳可能不敢全力展現自我，就算百分之百清楚如何取悅母親，也完全無法滿足自己的靈魂。

第四章

控制狂母親

「因為我說了算。」

‧如果跟那個男人結婚，妳就不再是這個家的一分子了。
‧如果敢為了那份荒唐的工作搬家，妳就不可能從我這裡拿到一毛錢。
‧如果不把孩子送去天主教學校，妳就不可能從我這裡得到任何幫助。

以上都是一些擺明想要控制孩子的跋扈實例，手段一點也不精巧。跟糾纏的母親完全不同的是，控制狂母親沒打算透過「我愛妳」這類話語進行操弄，也不會利用示好來夾帶指令。控制狂通常非常獨裁，極不理性，總是使用輕蔑與霸凌的言語。她們往往直接下令，也會針對不服從的下場提出嚴重警告。

如果孩子年紀還小，母愛控制並不是大問題。畢竟孩子天性衝動，生活經驗不足，需要受到保護。他們還不知道該小心世界上的熱爐子和車流繁忙的道路，於是為了教導孩子，母親必須訂下規則，堅定執行。不過家長必須逐漸學會放手，好讓長大的孩子自己去學習。然而，一旦母親的保護欲讓女兒無法自主學習，母愛控制對孩子就不再有幫助。

控制狂母親會無所不用其極地介入、箝制女兒的生活，即便女兒早已成年也不改其道。這會造成很嚴重的後果。正如同糾纏的母親，她會不停做出迫使女兒依賴的行為，並從中得到自己想要的好處，同時反覆宣稱：「我都是為了妳好。」但令人不快的事實是，她能夠透過擺布妳來滿足生活其他部分缺乏的權力感。

對於控制狂母親而言，唯有將妳困在這種權力不平衡的關係中，她才能真正擁有快樂及成就感。

或許最令人困擾的是，就算努力脫離她的掌控，心中卻還留有曾受擺弄的怨憤。於是，為了重新掌控自己的人生，妳也可能出現權力需求，而且往往同樣藉由控制他人達成目標。又或者走向另一條極端的道路：妳覺得必須把他人的需求放在自己之前。這些都是被控制狂母親養大的特徵。

凱倫：無路可退，飽受欺凌

二十七歲的凱倫是百貨公司的銷售員，擁有一頭棕黑髮絲。她來找我時，表示遇到了重大危機：交往許久的男友最近跟她求婚，但母親夏琳一聽到訂婚消息立刻怒火沖天，不但對她的未婚夫口出惡言，甚至威脅要跟執迷不悟的凱倫「斷絕母女關係」。凱倫說，她對後續發展感到害怕，但也清楚該與過度強勢的母親保持一點距離。

我問她到底發生了什麼事，她立刻滔滔不絕地說了起來。

「我大概早知道會有這麼一天。我跟這個很棒的男人已經交往兩年了，真是奇蹟，但我母親可不這麼想。首先，丹尼爾是拉丁美洲人，而且信天主教，她認為這兩者都算是罪行。他在小學教數學並擔任足球教練，對孩子很有一套，而且因為拿了幾個高等學位，之後還能教其他科目，選擇也不少。聽起來很夢幻，對吧？但我媽老是貶低他，還說他是『妳那個教體育的朋友』，語氣好輕蔑。反正打從一開始就不停嘲笑他。她向來看不起我交往的對象，更別說是『一個移民』了——他總是這樣叫丹尼爾。

「跟丹尼爾交往時，我盡量不讓兩人見面，以為這樣就能相安無事。我以為可以靠時間解決一切。每次我媽對丹尼爾態度惡劣，我都會道歉。每次她以『妳怎麼可能跟**那種人**認真交往』開啟話題，我也會想辦法轉移話題。這種事沒什麼好吵的。但丹尼爾跟我求婚後，堅持要去通知我媽，給她看婚戒。我本來想自己去……我知道這想法很瘋狂。總之我們去了，結果完全是場災難。

「她甚至連裝個樣子都不願意。她批評戒指、批評丹尼爾，甚至批評丹尼爾的家庭。他試圖保持有禮，但看得出來快爆發了。最後他說：『妳既然這麼想，我只能表示遺憾。走吧！親愛的，我們離開這裡。』此時，我媽看著我說：『如果妳堅持結婚，就再也不是我的女兒。別以為我是開玩笑的。妳現在就像以前一樣試圖毀掉自己的人生。要是想反抗我，隨妳便！但別指望我幫忙處理婚禮或任何其他事。』

「我完全呆住了，只說了：『我很抱歉，媽。』丹尼爾看著我的眼神無比痛苦，『真不敢相信，妳根本不用道歉的呀！妳為什麼道歉？』我不知道該怎麼辦，只是站在那裡一直哭，最後丹尼爾只好把我拉出門外離開。」

凱倫告訴我，自從那天之後，她就慌亂不已，完全不曉得該怎麼辦。她始終努力避免母親和丹尼爾之間的衝突，現在也不知道該如何解決。我問凱倫，要是不順從母親，母親會真的跟她斷絕關係嗎？

凱倫說：「會，我覺得她會。她一直在打電話要求我和丹尼爾分手。前幾天晚上，她在我家待到凌晨兩點，不停地強調我正在犯下天大的錯誤，還說她才不想有『那種人的外孫』。我跟她說我不想談，但沒用。她**擅自假定**有權做出最後決定。我對她說：『媽，拜託妳回家吧！』她說：『妳答應不結婚，我就回家。』

「我覺得無路可退，也覺得飽受欺凌。我好厭倦她總是干涉我的人生，但她是我唯一的家人，雖然有時候表現很糟，但我不想失去她。我現在已經完全放棄為丹尼爾辯護了，這點也讓我很受不了自己，沒想到我是個這麼懦弱的傢伙。我覺得這樣說好像是背叛我媽，但她除了控制我之外，根本一無是處。她在我還小時就跟我爸離婚了，我不知道爸爸現在在哪裡，反正，她之後就一直對我頤指氣使。她要我做的所有事都是為了她，不是為了我。她控制我的衣著、飲食、朋友，甚至包括以前參加的許多活動。現在也理所當然地覺得可以控制我和誰結婚。」

・被支配的女兒，容易成為受氣包

表面上，問題是因為凱倫訂婚而全面爆發，但其實由來已久。夏琳自從離婚後就變得像獨裁者，也像老闆，總會用各種批評折磨凱倫。她確實有滿足凱倫吃飽喝足的需求，許多人也視此為愛的表現，但她說話總是尖酸刻薄，很少付出精神上的情感，甚至喜歡在女兒的朋友面前嘲笑她。凱倫小時候就發現了，成年人注意她通常都不會有好事。

凱倫說：「我媽覺得自己很有幽默感，但其實只是刻薄而已，對我尤其如此。我大概七、八歲時，在店裡挑了一件洋裝，才從試衣間出來，她就對她朋友說：『誰會想到我女兒的品味這麼低俗？』然後兩人一起笑到不行。我根本不知道為何她要這麼做，但全身都被羞恥感淹沒，只能站在那裡不停發抖，最後她才說：『去把衣服換掉！』那是一件印花的黃色洋裝。雖然我喜歡黃色，也喜歡印花，但我之後再也沒穿過類似的衣服。」

這類針對孩子的殘酷挖苦及玩笑話其實非常傷人，凱倫兒時卻得經常面對。她變得不敢相信自己的判斷，也不敢表達喜好，為了保護自己，她開始事事認同母親，畢竟母親就是個不容反對的人。她從不打孩子，不搧巴掌，也沒這個必要。她的言詞和語調已經足以讓凱倫理解：自己的想法一點也不重要。

正因如此，凱倫沒機會練習人生最重要的技能之一：了解**自己**想要什麼，並做出相應的要求。

控制狂母親會透過威脅、嘲諷及批評打擊女兒，這麼做，不但會奪走她們的尊嚴及自尊，也會讓她們失去決斷力。由於控制狂母親總在批評，尚未成年的女兒因而深信自己一定有問題，掌控生活的能力於是隨之大減，為自己發聲及獨立生活的自信也遭受侵蝕。「批評」正是控制得以成功的源頭。控制狂母親很早就發現，只要打擊女兒的力道足夠，就能奪去女兒的決斷力及反抗意志，所以她靠著羞辱及批判打壓妳，就算妳已是成年人也不放過。

只要控制狂母親感覺受到威脅，攻擊力度就會增加。凱倫和丹尼爾訂婚引發的問題正是如此。夏琳恐慌了，深怕再也無法掌控女兒的人生，也怕凱倫從此只忠誠於丹尼爾。根據夏琳的判斷，唯一能重獲優勢的方法就是威脅與女兒斷絕往來。這個手段聽來極端，也違背直覺，但夏琳已經操控凱倫太久了，認定女兒一定會讓步，所以沒在擔心威脅能否實現的問題。

確實，凱倫告訴我，她幾乎就要屈服了。

「因為我媽給我太大壓力了，我真的極度緊張，身體都出了問題。我告訴丹尼爾，『我們現在這樣很好，也不急著結婚呀！』他搖搖頭，『我知道問題的根源是什麼，我才不打算活在這種鬧劇的陰影下。我真討厭看妳任由妳媽擺布。我們也不可能讓她決定我們的關係。妳得接受心理諮商，想辦法做些改變。』如果不是他那麼說，或許我不會來。」

我常聽到這種情況。伴侶或朋友常是促使這些女兒改變的催化劑。他們能清楚地看出妳無法獨力改變現況。

要脫離凱倫這種進退兩難的煉獄非常困難，因為成為獨立個體的必要條件，就是擁有健康的直覺，也就是表達拒絕、表達反對以及完全掌握自我的直覺，但凱倫的這些直覺無法正常運作。她從前遭受了太多批評，根據凱倫描述，自己因而成為「生活圈中最愛取悅他人的傢伙」。她想讓丹尼爾和母親都開心，但這是不可能的任務，她完全不知從何著手。值得一提的是，她從未想過也該讓自己開心，畢竟以前沒什麼機會練習。

凱倫說：「我總是盡全力避免衝突。總是盡力達成別人的要求。奇怪的是，只要無法取悅某個權威人物，例如老闆或母親，我幾乎就會生病、崩潰或非常想要封閉自我。我會覺得非常、非常內疚。」

因此，她常接下別人避之唯恐不及的工作，再加上總是忽略自身需求，她成了別人手邊最好用的受氣包。畢竟她從小就被教育要聽話，經歷千錘百鍊之後，當然能輕易將做決定的權利出讓給別人，尤其是自己的母親。

完美主義者：要求妳達成不可能的目標

控制狂母親有很多種。凱倫的母親似乎是會突然丟出所有負面能量的類型，並在發現女兒的欲求後立刻出手打壓，或是純粹為了當下自我感覺良好，就輕蔑而殘酷地出言挑剔。

但另一類母親的手法更有組織。她們是永遠要求妳達成不可能目標的完美主義者，家中總是充滿無從質疑的規矩、標準流程和各種訓練，而且只要沒做到完美，就等於失敗。

・米雪兒：惡意批評的循環

米雪兒是三十四歲的平面藝術家。第一次會面時，她說和男友路克的關係已經瀕臨破裂邊緣。兩人關係已經緊張一陣子了，米雪兒說，最近一次爭執更是激烈，他直接收了東西跑去朋友家過夜。

米雪兒淚眼婆娑地說：「我真的覺得他就是對的人，也計畫結婚，但他說他受夠了，打算到此為止。我真不懂為何會搞到這個地步。」

我建議兩人一起來諮商，米雪兒於是說服路克一同前來。他是個三十歲的電玩設計師，有一頭蓬亂棕髮。兩人一起在米雪兒初次求診的隔週出現，我請路克從他的觀點談談兩人碰到的問題。

他說：「嗯……我們同居一年了。但似乎住在一起愈久，情況就愈糟。我得逃開一陣子，所以目前晚上都睡在好友家的沙發上，總算是能過點平靜生活。米雪兒太愛挑剔了，一點小事都要找我麻煩。就算我把東西亂擺在**我的**辦公室內、**我的**辦公桌上，她都會勃然大怒。剛開始交往時，我沒意識到她住處的風格幾近強迫症，而且就連我穿的T恤都要管，實在太蠢了。但老天爺呀！她真的管個不停。」

「好吧，我得辯解一下。他也沒多好相處。對，我是有錯，但把襪子放進洗衣籃或穿點得體的衣服是會死嗎？到底有多難？他總是把碗盤留在水槽裡，但放進洗碗機裡不就是個很簡單的動作嗎？**小事**也很重要。」米雪兒說。

路克說：「拜託，米雪兒。世界上明明有更多值得投注心力的事，這些到底有什麼大不了呀？老天，妳的語氣根本就像妳媽。」

他們的確對彼此累積了很多怒氣，顯然問題也不只跟髒盤子有關。我告訴米雪兒，她似乎有一整套挑剔、愛批評又完美主義傾向的行為，正是這些行為讓路克無法親近她。

米雪兒說：「喔，天哪……聽妳一說……**我媽**就是這樣，挑剔，又愛批評別人。我曾發誓永遠、永遠不要變成像她那樣，但看看我的下場。」

母親留下的印記及行為模式對我們影響過於深遠，因此，我們很可能表現得跟母親很像，卻又毫無自覺。我告訴米雪兒和路克，只要意識到模式存在，就有打破的可能，只是必須投入心力。我問他們：是否準備好全力拯救這段關係？他們對看了一眼。

我說：「想像有盒牛奶被留在流理台上，若是及時把牛奶放回冰箱，牛奶就能保持新鮮，但要是放太久了，無論怎麼做都太晚了。你們覺得目前的關係處於哪個階段？」

路克看著米雪兒，說：「不知道。我想努力看看，但光靠兩人似乎做不到，只是一直在吵同樣的問題。」他對米雪兒輕輕微笑了一下。「不過，我想牛奶還算挺新鮮的。」

米雪兒的淚水再次湧出。「我不想失去他。」

我感覺兩人之間的情感連結仍非常強，所以建議米雪兒先單獨與我處理愛挑剔的問題，也建議路克先搬回家。許多有關婚姻的研究都顯示，伴侶分隔的時間愈久，復合的機率就愈低。我知道剛開始重新同住，氣氛一定很緊繃，但我告訴路克，只要他暫時保持耐心，對衝突的反應不要太大，米雪兒會和我一起學習調整、緩解內心根深柢固的挑剔模式，不再讓此成為關係的障礙。

無愛母親的女兒幾乎都曾發誓：就算人生一無所成，總之，我絕對、永遠不要變得像我媽一樣。不過現實指出，這些成年人最後總是震驚地發現，自己的待人方式幾乎跟母親沒兩樣。而米雪兒和我聚焦探索的正是這類行為的根源。

◎一名惡霸的誕生

她告訴我，路克已經回家了，兩人之間的情勢依然緊張。

「他不停抱怨我的完美主義。有時候我忍不住反擊，有時候我哭，甚至可能會吼他。不過，現在我真的會注意自己對他說了什麼。上次一起來這裡時，不知道為什麼，我終於發現自己的行為跟我媽很像，那真的嚇到我了……我一有能力就離開她身邊了，後來也不常見面。當然，她為此憎恨路克。她就是覺得**他**不夠完美。不過，顯然她還是有影響到我。我終究變成她了呀……」

隨著米雪兒與我分享童年經驗，我們逐漸發現，她以前和現在的生活有許多共通點。米雪兒說：「我的父母根本不該有孩子。我的奶奶極度迷信，爺爺又是工作狂，我爸從小就被他們兩人情緒勒索。我媽成長於一個極度失能的家庭，她的父母都酗酒，父親也會在言語及肢體上虐待小孩。我媽在我成長過程中就是個暴君，完全沒展現過一絲柔軟的溫情，堪稱全世界最嚴格的母親。她希望一切都能完美，乾淨到完美的房子、完美的丈夫、完美的工作，以及完美的小孩。我以前偶爾會說：『我不完美。』她會立刻暴怒地說：『那就努力一點！』完美就是她人生的唯一目標。保持家庭乾淨以及法務助理工作，是她人生中最重要的兩件事。只要我妹和我沒有扛起大部分家務，她就會恨我們。我爸成天忙著拯救一家快要回天乏術的餐廳，我媽也因此恨他。

「她總是毫不留情。我認真讀書，至少讓成績不算太糟，但就算拿回家的成績幾乎全是A，只要有一個B^+，我的努力立刻就不被當一回事。我媽總是在督促我算數學，但與其說她在指導，還不如說在進行軍事訓練，我甚至曾因為答錯而被沒收零用錢。我得處理一些妳無法想像的家務事，例如將雜誌完美陳列在清洗後一塵不染的咖啡桌上。但她永遠覺得我做的不夠。」

我說：「或許妳能因此稍微理解路克的感受？如果妳能想起當時感受有多糟，或許就能大概理解路克的心情。」

米雪兒說：「妳是說，我也讓他有這種感覺嗎？怎麼可能？我媽可是個暴君呀！」

控制狂母親會出現另一種常見的暴君式行為：女兒覺得遭受來自四面八方的欺凌，並因此沮喪不已。米雪兒說就讀小學時，母親會嚴格控管她上學的衣著。

「我是學校裡唯一不能穿褲子的女生，更別說是牛仔褲了。」她因此成為眾人嘲笑的目標。「真的很糟。其他小朋友都會笑我。我覺得既沮喪又孤單。最糟的是，學校的惡霸會玩弄、嘲笑甚至追打我。真的太可怕了。我媽也沒試圖保護我，反而都是她的那些愚蠢規則害我被欺負。她也沒想過幫幫我，只說，我得自己想辦法堅強起來。那是我人生中最低潮的時候。」

我們很容易看出兩者之間的連結：米雪兒在家遭受欺凌，因此更是無能反抗外界的霸凌。她在家已經習慣隱忍、吞下所有不滿，全面接收控制狂母親的抱怨，到學校自然也成為一樣的角色。她成為霸凌者喜歡下手的目標，毫無保護自己的能力。她被訓練成被動的人，而惡霸總能看出誰有這項特質。我的許多個案都曾因備受霸凌而害怕上學。

這類孩子在經歷完美主義控制狂的洗禮之後，通常會決定只要有機會獨立，就再也不會讓任何惡霸爬到自己頭上。為了不受人擺布，這類孩子決定擺布別人，於是成年之後，她們開始針對地板上的襪子或水槽裡的碗盤發號施令。

她們通常沒發現自己在做什麼。如果想改變，最重要的就是意識到這些行為的本質，並投入充足的動力與毅力，還得持續抵抗重拾舊習的誘惑。不過，一旦看出了自己的模式，妳就能了解背後運作的機制，意識到讓妳變得跟母親很像的行為根源，並且再也不屈服於那種看似本能的衝動。

虐待狂型控制者

極端控制者可能會殘酷到驚人的地步，這種母親的規則與標準往往不停地改變，每次嚴懲孩子時，又說不出孩子足以預期或理解的原因。殘酷的控制者比惡霸還可怕，這種人處於光譜邊緣，甚至可能展現出虐待狂傾向，於是透過羞辱、刺激女兒，並看到女兒因此受苦，她們能夠得到一種扭曲的快感。

如果母親是虐待狂型控制者，長期跟她們生活的女兒總是處於失衡、羞愧及恐懼的情緒中，就算離家好一陣子，她們往往也持續處於「戰鬥或者逃跑」（fight-or-flight）的緊繃狀態。那種想要逃跑或挺身戰鬥的衝動是一種生存策略，而且因為太好用了，這些女兒很難意識到其實有別種生活方式。

・莎曼珊：繼承了母親的怒氣，不是壓抑，就是爆發

莎曼珊是個優雅的二十九歲非裔美籍女孩，在一家大型藥廠帶領一個銷售團隊。第一次會面時，她說在職場遇上了非常惱人的衝突問題。

「公司請了一位新的區經理，我們應該是平起平坐的同事，但她真的讓我很受不了。我是說，她能力很強，但總是一副女王模樣，好像其他人一無是處。某次在團隊會議上，

她做了幾乎是詆毀我的事：明明是她做了打擊士氣的事，卻講得好像我才是問題根源。我沒讓大家知道我的真實感受，只是表現出冷靜又不在意的樣子。我以此為傲。我並不是冷酷，只是想表現專業。但會議結束後，腦中好像有根神經斷了，我的情緒完全失控。她在說我時，我不覺得怎麼樣，雖然感覺臉有點發熱，但什麼都沒回應。她這麼做至少已經兩、三次了。我想保持理性，因為她是新人，大家也喜歡她。不過在停車場時，她開了我一個玩笑，我立刻激烈反擊，真的是勃然大怒！老實跟妳說，我實在是失控了，吼叫得像是發瘋一樣，情緒極度高漲。我知道她被嚇到了，但其實我自己也嚇壞了。」

我告訴莎曼珊，用那種方式發洩一時之間或許感覺不錯，但想必她也明白，發洩的後果，只會讓現實生活更難過。很多人以為大吼大叫就代表立場堅定，但其實無法解決任何問題，反而會使妳喪失尊嚴及威信。如果要處理怒氣，其實有很多更好的方式。

莎曼珊說：「我知道，每次大吼之後，我自己都很崩潰。我在成長過程中就常這樣，感覺糟透了，而且只要別人提高音量，我就會立刻封閉自己。我總會不停地壓抑自己……然後直接爆發。」

面對大吼大叫的人，逃跑其實是常見反應。孩子尤其更會想要封閉自我或逃離現場，以免持續遭受攻擊，不過，內心的強烈情緒不會隨之消失。比如莎曼珊就清楚記得，她小時候被她媽媽大吼時真的很害怕。

莎曼珊說：「我媽有時候真的……是個潑婦。抱歉，我實在想不到更好的說法。她總是滿心怒火，我真的搞不懂。家裡也不缺錢，我爸在一家生技公司擔任顧問，她在家用品公司擔任律師，兩人都很傑出。我猜他們打從我小時候就不希望我丟家裡的臉。

「我還記得自己大概三歲時，我媽想要教我ＡＢＣ，大多母親會教唱字母歌，或透過遊戲教學，但我媽才不信那一套。她就是走進我房間，直接叫我唸出ＡＢＣ。再唸一遍！再唸一遍！我當時還沒把字母全背起來，她氣到大吼，我嚇傻了。直到現在，她罵人的聲音都偶爾會迴盪在我腦中。」

隨著莎曼珊長大，她母親不理性的控制欲及殘酷行徑出現了新的面向。

莎曼珊說：「我總是比同齡孩子高大。十四歲時，我成功加入了籃球隊，那一直是我的夢想。我們隊伍很強，打進了波士頓的冠軍巡迴賽。我本來已經計畫好跟朋友一起去了，心情好興奮，深信那會是一趟很棒的旅行。我把當保母的每分錢都存下來，買了機票。但在出發前一刻，我媽說我成績不夠好，不准去。我不過是第一次在小考中拿了Ｃ，那次成績甚至不會列入正式計算！但根據她的邏輯，我再這樣下去就會被當。她說我得好好讀書，不該『玩樂』……

「我記得自己坐在房內盯著時鐘，就希望她能在最後一秒改變心意。我還記得一確定趕不上飛機後，我打電話告訴教練說我媽不准我去。他真的很不高興，說要跟我媽講話，但她不肯來接聽。老天，蘇珊，她真的完全沒有不讓我去的理由！我的成績沒問題，大部分都拿A和B！她只是想證明自己有權掌控我……只要她想，她就什麼都能奪走。」

有些母親在目睹女兒想要的事物被剝奪後，內心會出現一種扭曲的滿足感。於是，就跟其他虐待狂型控制者的女兒一樣，莎曼珊總在幻想某天能夠逃走。

「讀中學時，我會練習快速收好一個逃跑用的小背包，裡面塞滿所有必需品，大概只需要花上十分鐘。我不知道可以逃去哪裡，但得相信自己做得到。」

可是要再大一點，她才有機會真正逃離，而且甚至不需要離開家。

◎叛逃的道路

很多女兒都像莎曼珊一樣，她們想「掌控」自己的人生，也試圖透過叛逆行為逃脫母親設下的強硬限制、規範及罰則。

莎曼珊說：「我媽覺得她可以要求我做任何事，但到了九年級，我發現就連她也無法管控我的身體。我的救贖之一就是可以開始跟男孩約會，和他們上床，雖然得偷溜出去才行，但完全值得為此冒險。我發現可以透過身體掌控自我，所以開始狂吃狂瀉。還跟她住在一起時，我有很長一段時間都深受嚴重暴食症所苦，但她完全沒留意，就算我不吃到彷彿得了厭食症也一樣。

「我修了很多榮譽課程，提早畢業，就為了可以趕快離家，但最後無論讀大學或大學畢業後，我幾乎都在傷害自己。我大部分時間都覺得低潮又內疚，只有上床、喝醉或用藥用到嗨才能感覺好一些。不停逼自己拉肚子也有幫助。大多時候我都想死。我恨自己，恨自己的人生，但我有個朋友打算去匿名戒酒會，某天晚上也把我帶去，一切就變了。如果沒有她帶我去，真不知道會發生什麼事。」

令人難過的是，為了有機會初嘗自由滋味，無愛母親的女兒常出現自毀行為。為了證明自己不再受母親掌控，這些女兒嘗試透過酒精、藥物、食物或性愛傷害自己，卻又無法真正達到預期效果。我們明明沒做什麼，卻遭受過度的攻擊與懲罰，內心就會逐漸因為挫敗而累積大量怒氣。

這種怒氣可能難以解決，也會讓人不舒服，卻也是促成改變的最佳催化劑。不過，要是無法適當疏通，這種怒氣也具有強大毀滅性。當怒氣轉化為沮喪，又累積到一定程度之後，女兒可能會試圖不擇手段地擺脫這種內在動盪。我的許多個案也曾表示想自殺。這種由怒氣與絕望形成的循環可能會持續到成年。

自毀式的叛逆行為無法讓人自由，因為這種反叛不是基於自信與自尊，也就**無法**讓人真正感到自由。相反地，這些女兒腦中還留著母親的影子，所做的一切都是為了回頭打擊母親。她們從未學會基於自身需求去建立生活，諷刺的是，也就等於仍受母親掌控。

控制狂母親的心理驅力

我在分析過許多個案的控制狂母親之後，發現她們有些共通點。這些母親似乎對生活很不滿意，小時候也曾被家長控制或看不起。她們可能受到老闆或丈夫控制，無論角色定位或個體自由都不被當成一回事，內心因而焦躁不已，卻又覺得無力改變。在她們緊繃的微笑背後，總是有憤怒、刻薄、挫敗與失望等情緒不停交纏旋轉著。她們不知道自己如何長出力量，只是覺得迷惘。

無論導致母親有控制傾向的根源為何，這類母親總是反射性地挑剔或看不起女兒的外表、學校、工作、伴侶或準備婚禮的方式。就像許多無愛母親一樣，控制狂母親會想盡辦法利用妳的每一個弱點。

不過，這類控制對生活最深遠的影響，就是母親能將這些模式、反應及期望成功地深植於女兒心中，就算妳以為自己早已把她推開，影響卻仍揮之不去。

如果妳有過度討好、完美主義、霸凌及容易被霸凌的傾向，或者本章之中提起的任何特質，我向妳保證，這些都是習得行為，妳有能力擺脫這些習慣。

第五章

需要母愛的母親

「我得靠妳幫我處理一切。」

一個母親如果每天下午抱著一包M&M's巧克力上床睡覺，或者必須叫小孩起床準備上學時昏睡在沙發上，那她一定不知道如何引導女兒面對人生。她還可能沒空煮飯、看顧年幼孩子，甚至無法照顧自己。無論原因是憂鬱、酒精、藥癮，或者過度幼體化，總之，只要她需要的母愛超過能夠付出的程度，女兒就會發現自己得擔起家長、保護者及密友的角色。

如果女兒還年幼，很少有比察覺「媽媽有些不對勁」更令人沮喪的事了，而和這樣的母親相處久了一定也會出問題。需要母愛的母親常會放棄照護者的責任，躲回自己的小世界。她們或許在家，卻總是心不在焉，不但無法注意到妳的成就，也無法在妳難過時為妳擦去眼淚。她們通常成天大睡、抱怨、看電視、喝酒，而身處其中的女兒很少意識到這項顯而易見的事實：自己其實缺乏母愛。

妳在本章讀到的都是MIA的母親，MIA代表「缺乏作為」（missing in action），意思是有在跟沒在一樣，她們只把精力投注於自身的存續，根本沒剩多少心思關注女兒的福祉。

許多女兒長大後非常同情母親，相信自己有義務不計代價地替她「改善一切處境」。一旦孩子被迫肩負起角色反轉的責任，往往也會因為被稱讚「老成」、「負責」或「早熟」而自豪，但她們的健全童年其實被剝奪了。

成年之後，這些女兒可能會因為自己理性、幹練及善於管控的能力感到驕傲。她們一輩子都在練習如何扛起他人的責任，此外，她們常成為他人尋求支持與鼓勵的首選，而且完全知道如何幫助他人獲得存活、成功或快樂必要的能力，卻無法處理自己的需求。她們很少優先處理自身的需求、夢想及快樂，反而成為以照顧為名，全面吞噬他人的專家。

其實妳還是個「小大人」

成年後的女兒，其實很難退後一步地客觀看出自己曾是大人幫手的事實。為了幫助妳明白自身經驗是否符合這種關係互動的定義，我設計了一張辨識量表，幫助妳理解照顧母親是如何塑造、影響了妳的人格發展。

【小大人辨識量表】

妳小時候是否曾：

・相信無論需要付出多少代價，妳人生最重要的工作，就是解決母親的問題、緩解她的痛苦？
・忽視自己的感覺，只在意母親的需求及感受？
・確保母親不受妳的行為後果影響？
・為母親說謊，或幫忙掩飾她的問題行為？
・只要有人批評母親，就為她說話？
・認為必須經由母親的認可，才能自我感覺良好？
・不能讓朋友知道母親的作為？

成年之後，妳是否對以下敘述感到熟悉：

・我會盡力避免讓母親不開心，當然也包括其他成年人。

・我受不了讓任何人失望。
・我是完美主義者，只要事情出錯，我就會覺得是自己的錯。
・我的生活中最可靠的人是自己，什麼事都得自己來。
・像我這種人不會對他人有價值，除非我的作為對他人有利。
・我得時時刻刻保持堅強，出現需求或想要求助就代表軟弱。
・我應該有辦法解決所有的問題。
・唯有他人的需求被滿足之後，我才有餘力照顧自己。
・我大多時候都感到憤怒、不被重視或被利用，但總是把感受壓抑在心底。

這些「小大人」無法在成長過程中享受身為孩子的自由，並因此付出了高昂代價。畢竟妳一旦將自我價值建立在照顧別人之上，就無法發展自我、享受奔放的想像力、學習放下武裝，也無法興之所至地做想做的事。妳不會有時間自問：「我能做些什麼？」或者在嘗試不同路線後，找到屬於自己的滿意道路。妳反而會訓練自己專注於母親，成為她的需求專家，甚至主動預估即將出現的困境，接手替她解決。

不過，母女角色反轉的下場殘酷，這種關係也注定會失敗，畢竟一個小孩根本沒有能力解決母親的問題，只有做母親的才能解決自己的問題。無論孩子多麼努力微笑，又做出了多少犧牲，都無法改變母親的處境。然而，女兒仍會無法克制地反覆嘗試，並在每次失敗後無法克制地感到無能、羞愧。假使失敗時年紀還小，這些女兒會立志長大後「把事情做對」，而且會在成年後孜孜不倦地試圖達成目標。她們總是為別人做得太多、付出太多，也給予過多幫助。心理學家稱此為「強迫性重複」（repetition compulsion）：不停地重複舊有的行為模式，希望藉此獲得與過去不同的結果。

一旦受此力量驅使，妳活著就只是不停在幫別人解憂，不停在處理問題，完全沒有享受歡笑、輕鬆與樂趣的空間，而且也很難釐清「愛」與「憐憫」之間的差別，甚至不相信愛是一種有來有往的關係，而不只是一堆必須解決的需求。

艾莉森：總是迷上「需要幫助的人」

四十四歲的艾莉森是一位體態纖細的瑜伽老師，自己開了間瑜伽教室。她說自己長期以來深受憂鬱所苦，之前總是跟需要被照顧的男人交往，不知道能否與任何人建立理想的感情關係。第一次與我會面前，她才剛跟伴侶湯姆吵完架。她和湯姆當時已經同居八個月了。我希望她告訴我發生了什麼事。

艾莉森說：「大家不是總說，愈是個性相反的人愈是彼此吸引嗎？我的狀況大概就是這樣。我總是非常仔細，能做出精確規劃，一切按規矩來，是所謂的乖女孩。所以遇見湯姆時，我心想：『哇，原來生活也能這麼有趣！』他在餐廳兼差當服務生，其他時間都拿來攝影，他的住處很小，到處都貼滿了沒拍好但塗畫過的照片。他完全沒存款，也不在乎。他非常有創造力。我以前從沒見過這種人，有點像那種騎摩托車的壞男孩。我真的迷上他了，也崇拜他的才華和自由的靈魂。他的朋友都很狂野，也有藝術細胞。那是個跟我完全不同的世界。

「我們後來在我的住處同居，畢竟他的住處沒有任何多餘空間。一開始很愉快，屋內滿是他的照片，有時候我從瑜伽教室回家，會發現他在家舉行派對。我很欽佩他可以一週只工作幾天，就為了能有時間創作，也知道要是能多買一些高檔設備，他會有更多發揮空間，所以我替他買了。我從沒看過他那麼興奮，也真的為他感到開心。我真的以為他的事業即將起飛，之後也會成為頂尖的攝影師。」

我說：「好，我們整理一下。他搬進妳家，他在那裡舉行派對，他每週只工作幾天，然後妳為他買了高檔攝影設備。真是一段『成功』的關係。」

艾莉森說：「好吧，確實不是那麼好……我買的東西就像新玩具，他玩一陣子就沒興趣了，甚至連假裝有在找攝影工作也不願意。前幾天我提早回家，發現他一邊抽大麻，一邊看電視，家裡窗戶全開。每次只要他知道我不在就是這副模樣。他的相機就放在塞滿了菸屁股的菸灰缸旁，桌面黏答答的。他就是沒有前進的動力。我們剛剛就是在吵這個。最後他對我大吼：『好啊，隨便！我回去當服務生就是了！』我覺得根本被耍了，好失望！湯姆實在太不獨立了。

「我覺得自己好像跟我媽結婚一樣。我和湯姆沒結婚，但妳應該知道我的意思。他就跟她差不多。我總是和需要關愛、需要被拯救的男人在一起。不是那種狀況穩定良好的男人，是那種，妳知道，『有潛力』的男人，」艾莉森在說「有潛力」三個字時，用手指比了引號的手勢，「『需要被愛的』男人。」

她繼續說：「我就是這樣。我總是狀況穩定的那個。我媽說我有老靈魂，但不是這樣的。我覺得我是因為家庭關係而被迫早熟。小時候，媽媽很需要依賴我。」

我請艾莉森多跟我談談她的童年。果然，她從很小就已學會那些形塑她和湯姆關係的照顧行為。

「我媽是全職母親，我爸脾氣很差，兩人幾乎一見面就吵架。每次他出差，我們就鬆一口氣。我從小就一直在對爸爸說謊，總是要靠謊言與欺瞞才有辦法確保他情緒穩定，如履薄冰地希望他情緒不要爆發。我媽覺得他在外面一定有很多砲友，機率確實很高，她恨透了這點，但又不知道該怎麼離開他，就怕無法獨力照顧我和弟弟、妹妹。所以她留在婚姻裡。這些過程我都知道。現在我明白，我打從太小就接收到太多資訊了。」

我說：「聽起來是這樣沒錯。妳應該跟朋友在外面玩樂才對。就算得到了這麼多資訊，妳又能怎麼辦呢？」

艾莉森說：「不知道。直到今天，她都還會問我是否該離婚，然後說她之前純粹是為了我們才留下來，所以都是我們的錯。我不知道說過『就離開他呀！』多少次了，但現在已經放棄了。什麼都不可能改變。她的孩子都大了，但她還是無能改變，只是抱怨，什麼努力都不願意嘗試。我真的好挫敗，好想尖叫，但看到她受苦又好心痛。我還是覺得有必要鼓勵她，努力為她修補各種問題。在我小時候，每次希望稍微享受擁有一個家的氣氛，我都得自己來。煮飯、打掃、買聖誕樹，或記得買孩子需要的聖誕禮物，什麼都要我來。和湯姆交往也一樣。老天，蘇珊，我真的好厭倦什麼都得自己來……何時才會有人來照顧**我**？」

艾莉森突然哭了起來，哭了一陣子之後，她擦乾眼淚，溫和地說：「抱歉。」就像許多女人一樣，她覺得必須為哭泣道歉，彷彿做錯了什麼事。

我告訴艾莉森，她完全有權哭泣、難過。她才發現交往的男人既不獨立又不負責任，對於過往，她也還有許多傷痛得消化，畢竟她從小就需要像個小大人般照顧母親，偶爾還得扛起整個家庭。她當時可能才是個八歲或十歲的孩子，卻得以瘦弱肩膀扛起這麼驚人的重擔，因為她很清楚，如果真像個八歲小女孩般抱怨或胡鬧，沒人能照顧她的情緒。

然而，艾莉森沒有沉迷於傷痛太久。她很快便整理好心情，就像之前一樣，始終盡力免除母親應盡的責任。

艾莉森說：「公平地來說，蘇珊，這不是她的錯。她的婚姻和生活真的都很糟，所以情緒低落太久了。我真討厭看到她那個樣子。」

艾莉森再次展現了深不見底的同情心，毫無節制地為母親感到難受。

．她憂鬱，不代表她對妳沒有責任

我不認識艾莉森的母親喬安娜，但根據合理推斷，她母親應該深受憂鬱心魔所糾纏。其實，我幾乎可以斷定，大部分需要母愛的母親幾乎都被同樣的心魔所困。憂鬱使她們倦怠、失能，也奪去了她們養育、指導及撫慰孩子的能力。她們偶爾狀態不錯，雖然時間不長，但會展現出似乎真有辦法陪伴、關愛孩子的模樣，但終究她們還是太需要被照顧了。

這類母親陷在黑暗的漩渦裡，她們投向未來的視線受疾病遮蔽而模糊不清。艾莉森就像許多女兒一樣，成長時面對的總是母親的絕望，彷彿每天呼吸著遺憾、傷痛的空氣，老是聽母親說出一些沉重的話：

- 人生好難。
- 真希望沒有被生下來。
- 我到底對我的人生做了什麼？

- 我為什麼會跟妳爸結婚？
- 我不知道怎麼辦。我已經把人生搞砸了。

憂鬱剝奪了這些母親的自我，以及她們做決定的能力。她們的症狀綜合了基因、生理因素及生活環境不幸福的結果。憂鬱的母親其實是生了病，而且非常痛苦。

然而，她畢竟是個必須負起責任的成年人，也必須為了改善處境及生活而採取行動。所有成年人都該這麼做。這不只是項建議而已。母親**必須**自救，才有辦法好好關愛孩子，就算是被恐懼吞噬的喬安娜也不例外。

治療憂鬱症的資源在過去數十年來已大幅增加，抗憂鬱藥對許多人頗有效果，另外也有許多方法可以處理這種使人耗弱的疾病。不過，有很多人像艾莉森的母親這樣，明明出現了嚴重憂鬱症特徵，卻總是不願求助，反而甘於扮演受害者的角色。

在第一次會面結束前，艾莉森告訴我，她母親抗拒所有關於就醫的建議。

「我試過了，蘇珊。我直接告訴她，『妳知道嗎？媽，外面有很多人可以幫妳。妳可以找醫生，或是諮商師。』但她完全不願考慮，反而罵我，『妳怎麼可以說這種話？我又沒做錯事，錯的明明是妳爸，為什麼我得去看醫生？我又沒瘋，是妳爸得停止這樣亂吼。我才不是需要諮商的那個人。』」

確實，這些母親偶爾能找出足以關注女兒的能量，並說出「妳好可愛」或「妳真貼心」之類的話，但仍不足以彌補兩人關係所缺乏的基礎，以及女兒需要的核心認可及情感連結。女兒實際上受到的稱讚大多是「妳實在**太有幫助了**」，而非她本人無可取代的獨特價值。

我對深陷憂鬱的母親深感同情，但她們仍有照顧孩子的責任。我也相信她們必須理解自己造成的痛苦，負起相應的責任，畢竟是她們放棄了母親的角色，使孩子出現必須照顧人的模式化行為。

很明顯地，艾莉森拯救母親的方式和她「領養」湯姆的行為有關。當湯姆因為收到禮物開心起來時，她覺得至少稍微彌補了以往無能拯救母親的遺憾。這一切背後都是「強迫性重複」在運作，不過我告訴艾莉森，我們可以打破這個循環，轉而關注她真正的需求與欲望。

・母親留給妳的憂鬱，並非無藥可救

如果妳如同許多憂鬱母親的女兒，此刻正在與憂鬱奮戰，我想向妳保證：妳並不一定會走上跟母親一樣的道路。這是艾莉森最擔心的問題之一。「我得承認，有時候我覺得體內也有憂鬱的情緒在流竄，」她告訴我，「有時候看著我的生活和感情，我真的很想放棄一切。我真的不知道如何處理憂鬱。我不想變得像母親一樣。」

因為擁有憂鬱母親，這類女兒更容易在基因及腦部化學反應中發現導致憂鬱的成分，再加上缺乏母愛，她們總得對抗自我價值及自尊低落的問題。

但正如我告訴艾莉森的，妳和母親完全不同。妳沒有甘於受害者的角色，也沒有成天說著「我好可憐」。妳還想要改變。

裘蒂：母親酗酒、濫用藥物且憂鬱

一旦母親對酒精或藥物上癮，通常都會發生角色反轉的現象。成癮母親的生活總是包括各種混亂及危機，於是，對女兒而言，就算看似無比平靜的一天，也可能突然爆發驚人的事件。裘蒂就是在一次失控的家族聚會後，決定來找我。

這是裘蒂寫的字條：「佛沃醫生，我得跟妳談談。我必須和我的酒鬼母親分開一陣子，她的控制欲實在太強，又愛批評。我真的受夠了……三十二年來，我活著彷彿就是為了取悅她。真的無法繼續下去了……繼續跟她生活只會危害我的婚姻。我過得好慘。救我！」

第一次會面時，裘蒂仔細解釋了促使她聯絡我的所有原因。她看起來是愛運動的類型，獨生女，三十八歲，已婚，在小學擔任特教老師。

裘蒂說：「就在一個禮拜前的感恩節，一切終於爆發了。全被我媽毀了。我很感激生命中擁有的一切，我有個好丈夫，還有個可愛的寶寶，所有的事情都看似完美。但我和媽媽相處的情況始終好不起來，然後我被最後一根稻草壓垮了。我們當時在看梅西百貨的感恩節遊行，接著看足球賽，同時一邊吃飯，一邊跟寶寶玩。但我一直從眼角看到我媽在拿酒，算著她到底喝了幾杯，我不停過去把酒瓶移開，那是我的老習慣了，可是我的小叔一直幫她倒酒，我真的差點想要殺掉他。

「我媽說話的音量愈來愈大，也開始有點口齒不清，她坐到我阿姨旁邊，不小心打翻了她的紅酒。大家把灑出來的酒全部擦乾淨後，我阿姨抓住她的酒杯說：『瑪格麗特，我覺得妳喝得差不多了。』

「我媽立刻大怒，『妳想知道我為什麼喝那麼多嗎？』她大吼：『我告訴妳吧，**這**就是我喝酒的原因。』她用手指著我，好像真是我的錯一樣！接著她說：『這個自私的女孩，拿了個諮商學位就自以為萬事通，真是笑話。她根本病了，腦子有病！』

「我真是不敢相信。真希望地板裂開把我吞進去。我受夠了。一定得做些改變。我恨她喝酒，恨她藥吃個不停。她睡覺前也吃藥，醒來也吃藥。她真的好自私，又好憂鬱……」

裘蒂有滿腔怒火想傾訴。我知道她得發洩一下，我知道她需要我聽她說。

「妳可能以為我早就習慣她了。打從我有記憶以來，她老是醉醺醺的，就算每次我需要母親陪伴，她也大多醉到無法理我。她老是搬家，和一大堆男人約會，把這些男人帶進我的生命，好像這些男人真有辦法成為我爸，然後我們一家三口就能幸福快樂地生活。她常把我丟下後跑去工作、約會或做自己的事。就算在家，她不是在喝酒、喝醉了，就是爛醉到毫無意識。」

裘蒂的母親瑪格麗特幾乎從來都沒空理女兒。經過幾次會面後，裘蒂跟我說了一些兒時被母親忽略的例子。明明年紀很小，她就已經被迫擔負巨大的責任與壓力。

她說：「還記得大概在四年級的某天吧，我準備好了晚餐，就等她下班回家，打算一邊吃，一邊跟她聊那天工作發生的事。她和老闆處得不太好，萬一她丟掉這份工作，我們真不知道該怎麼辦。但她似乎一點也不擔心。才吃完飯，她就拿著報紙跑去坐在床上，電視還開著，床邊桌上放著一瓶蘇格蘭威士忌和酒杯，好讓她可以一邊『讀報』，一邊『小酌』。這種時候她通常連鞋都不脫，睡著時手裡還夾著香菸，電視聲音也開得好大。我會進房間趕在香菸燒到任何物品前趕緊拿開，幫她蓋被，清空剩下的酒瓶，暗自希望一切有天能夠改變。

「然後我洗碗，打開客廳的電視，讓電視的聲音陪我做功課。好寂寞呀！蘇珊，如果不是在學校還有朋友，我應該是全世界最寂寞的小孩了。我只能想辦法養大自己。但我常禱告，禱告讓我更接近上帝。」

成癮母親的女兒無法告訴朋友或老師家裡發生的事。尤其去了朋友家，發現別人的處境跟自己完全不同，就知道更得保密了。她們總是感到羞恥，即便早已習慣戴上「正常人」的面具，仍覺得自己好像一種奇怪的異類。

・受到藥物、酒精與外力幫助的引誘

裘蒂升上中學後，努力保持低調，不過成績表現還行，仔細熨燙過的衣著也堪稱整潔。但升上高中後，當所有朋友為了門禁時間與家長拉鋸時，她才發現無人管束的「好處」：她想做什麼都行，反正她媽媽根本沒心思去注意。家中沒有像樣的規矩、紀律或行為界線可言。就算二十多歲的男生到家門口接裘蒂去約會，她媽媽也毫不在意，大多數時候人根本不在家。

剛進入青春期的裘蒂開始嘗試藥物和酒精，酒也喝很多，藥則是偶爾從媽媽的皮包偷拿。酗酒者的女兒是染上酒癮的高危險群，機率高達百分之五十，幸好，裘蒂終究想辦法阻止了自己。

「是，我開始用酒來解決問題。靠著上帝恩典，我才沒成為酒鬼，當然也幸虧我有意識到自己的問題。十五年多來，我都只有偶爾才喝一小杯。」

幸好在高中階段遇到一個好老師，才扭轉了裘蒂的人生。

裘蒂說：「我熱愛心理學課，因為可以聊人們在真實生活中發生的事。我只有那堂課表現比較好，所以有時會在午休時間跑去找老師閒聊。她覺得我很聰明，還建議我大學讀心理系。那是我人生第一次知道自己有上大學的可能，她甚至說，願意和學校的輔導老師幫我申請獎學金與就學補助。竟然有人相信我的能力，真是太不敢相信了。她幫助我找到了協助特教班孩子的志願工作，那真是個全新的世界。我愛那些孩子，這下除了到處玩樂之外，我總算找到有助我冷靜下來面對生活的事物。那種感覺真的很好。」

裘蒂受此領域吸引毫不令人意外。酗酒者的女兒常在成年後選擇照護相關工作。她們往往受到醫學方面的工作吸引，尤其是護理、社工或諮商領域的職業。她們將照顧人的動力運用在這些工作中，也算一種適應社會的手段。

裘蒂跟我說了一段話，我可以聽出她的強迫性重複背後的動力，正是挫敗感。「成長過程中，我除了我媽之外沒有其他家人，所以，**我得想辦法幫助她變正常、變快樂，但她幾乎從未真正快樂過**。我心底很難過，彷彿一直有傷好不了。」裘蒂有當老師的天賦，也確實從學生身上獲得了成就感，她的傷痛因而得到緩解，害母親失望的潛意識想法不再那麼強烈，也努力建立了運作堪稱良好的人生。

但她母親還是鬧個不停，也仍然酗酒。然而現在，她對母親的行為已經忍耐到臨界點，再加上擔心剛出生的寶寶，她終於決定接受事實：幫助母親變好不是她的責任。

‧找到改善自己生活的勇氣，而非改善母親的生活

經過多年被迫照顧母親及受忽略的童年後，裘蒂說，她心中累積了很多怒氣，「但我根本沒辦法氣很久，無論她又鬧出了什麼荒唐事，我們都得很快和好，因為家裡就我們兩個人，我得想盡辦法不在生活中滅頂。」

不過，她現在得為自己的家庭著想。隨著母親不負責任的情況愈來愈嚴重，裘蒂開始釋放醞釀已久的怒氣，也開始以更客觀的角度看待母親。

她說：「她的廚房裡有個抽屜，裡面塞滿了還沒付的帳單，我好像看到其中有一張警告即將要斷電。還有，每次她只要打電話給我，語氣都好憂鬱，就希望我立刻飛奔到她身邊。我之前在修諮商的碩士學位，第一次告訴她時，她說的第一句話也是：『太好了，這下妳可以治好我了！』

「好吧，妳猜怎麼來著？我這次真的受夠了。我已經想盡辦法一邊過好自己的生活，一邊跟她保持來往，但顯然行不通。她就是無法不說傷人的話，也不停止喝酒。現在我只想好好過自己的生活，希望她離我遠一點。她想做什麼都行，留在房間喝酒呀、自怨自艾呀，隨她開心！我只希望她滾出我的生活……但……我怎麼能這樣拋下她？她會死的，我怎麼可能承擔那種罪惡感？」

裘蒂盯著自己的大腿，整個人彷彿徹底洩了氣。

我說：「妳現在背負的是一個非常沉重的責任，但裘蒂，妳得對自己負責。妳已經為母親付出太多了，而根據我的觀察，她本人是不可能採取任何努力措施的。」

我問裘蒂是否與母親討論過尋求幫助，比如參加匿名戒酒會，或者諮詢治療成癮的專科醫生。

裘蒂說：「喔，根據她的說法，她『不是酒鬼』。她目前還沒被開除，也沒有流落街頭，我想對她而言，這就代表她沒有酗酒問題。反正一切都是其他人的錯。她喝酒也是我的錯。最好是啦。」

瑪格麗特是典型的酗酒者，我告訴裘蒂，這類人習慣把喝酒的責任隨意推卸給任何人、事、物，包括身邊親近的人、世界大事，甚至天氣。任何小事都能成為她的藉口。

裘蒂說：「我也是一直這麼提醒自己，蘇珊，匿名戒酒家屬協會的人也說過同樣的話。但就算是對她氣到不行的時候，我都覺得她是我的……小孩。我怎麼可能拋棄我的小孩？」

許多女兒長大後，確實能透過成年人觀點看得更清晰，但一想到要與本質上已化身為無助、黏人孩童的母親劃清界線，仍會於心不忍。這種必須承擔責任的本能由來已久，不容質疑，總能立刻摧毀女兒的怒氣及健全的自保機制。如果真想擺脫這種本能，妳需要一點一滴地擺脫妳早已習慣回應母親的種種行為，重新確認生活中重要的事物有哪些，以避免隨時被捲入母親引發的災難與憂鬱中。

對於裘蒂而言，眼下最重要的當然是寶寶，那是一個真正無助又需要照顧的孩子，也是真正需要她的孩子。我知道她決心要做一個堅強又健全的母親，和自己的母親不同，她真心想成為孩子的穩固後盾。但要想做個好母親，就需要投注大量體力與情緒能量，而每個人的能量畢竟有限，因此，一旦有了孩子，妳不可能為了一天到晚拯救母親，而耗損自己。妳對自己有責任，假使有另一半，那妳對另一半也有責任，當然對孩子也有責任。**妳的母親得為自己負起責任。**

如果母親還有成癮問題，可以確定的是，她會愈來愈沉迷於習慣的濫用物質，這裡的「物質」可能包括酒精、處方藥、違法藥物、食物、賭博或性愛。妳必須遠離她，才能切斷她的症狀對妳帶來的影響，這代表妳得停止許多習得行為：為她保密，拯救她，過度在意她可能面對的危機。妳得停止那些之前視為理所當然的行為，別像裘蒂下意識去算母親喝了幾杯酒，卻沒把那些時間用來跟寶寶玩。這段過程很辛苦，但唯有如此，妳才能避免把兒時所經歷的痛苦傳到下一代，或持續懷抱著那些傷痕。

妳失去了童年，直到現在還為此心痛

許多女兒像裘蒂和艾莉森一樣，兒時為了讓生活表面維持「正常」，努力掩飾母親憂鬱、酗酒、濫用藥物或忽略孩子之類的證據。她們會負責照顧手足、煮飯，也會打掃。如果母親的丈夫或男友出現暴力行為，也是她們負責替母親的傷口搽消炎藥膏或叫警察。她們總是肩負著沉重不堪的情緒重擔。

如果母親在妳的成長過程中放棄母職，妳可能會習慣透過被人需要，而得到滿足感。這些行為看似高貴，但會讓人付出慘痛代價：妳會被剝奪應有的童年。妳完全有權為此感到傷心及憤怒。

第六章

忽視、背叛或打擊孩子的母親

「妳老是在製造麻煩。」

正如同海龜把蛋生在沙灘上之後就回到大海中，有些母親才剛生下女兒，情緒就完全消失了。她們變得難以親近、遙遠、冷淡，或許人在身邊，但眼神從不在女兒身上，想的全是自己的需求。

我們常見到母親出現自我中心的情況，但本章所提的母親情況非常極端，她們情緒極不穩定，甚至可能嚴重到完全忽視女兒的基本情緒與生理需求，失能情況非常嚴重，可見「母親一定能與孩子建立情感連結」的假設，根本是謊言。這類母親把女兒當作物品對待，將生活的不滿全歸咎到孩子身上，也吝於表現親切，情況最糟時，甚至無能保護女兒不受侵犯或虐待——有時連她們自己都成為施虐者。

這類母親在情緒上拋棄、背叛、打擊自己的女兒，簡直是披著母親外皮的狼。她們常在女兒身上留下恐懼、憤怒以及極度渴求關愛的痕跡，任由她們在尋找自我的路上跌跌撞撞。

愛蜜莉：隱形的女兒

愛蜜莉三十六歲，是一家建築公司的會計主任，為了拯救一段兩年的感情而找上我。她的工作能力很好，也備受尊重，但她和男友喬許（他在做小型進口生意）的關係卻岌岌可危。

愛蜜莉說：「我有很多好友，賺的錢也不少，但在家裡彷彿置身地獄。剛開始交往時，我覺得喬許很性感、很新鮮，也以為他想要小孩。我真的很想生個孩子，年紀也不小了。但我們之間一切都不順利。喬許什麼事都不跟我分享，很封閉，明明兩人住在一起，我卻覺得好孤單。他總在用電腦，就算一起出門，他的話也很少，幾乎都在玩手機。我真的好需要愛，但他根本無法給。病態的地方是，這種感覺太熟悉了，我感到滿自在的。」

我問愛蜜莉為何說這種感覺很熟悉。

她說：「其實很難說出口，但我媽就是那樣，疏遠、冷淡。我……感覺她並不希望我待在她身邊。」

她告訴我，和喬許相處的那種孤寂感，其實和她的童年生活很像。「我媽生下了我，但從來不抱我，也不說她愛我。每次對我開口都是在指責我，或者說我是她的負擔。有一次她甚至說：『真希望沒生下妳。』」

我說：「喔，愛蜜莉，妳的遭遇真讓人難過。對孩子而言，沒有比母親說出『真希望沒生下妳』更殘忍、傷人的事情了。」

愛蜜莉眼中立刻湧出淚水。「謝謝妳，」她輕聲說：「這是第一次有人這樣告訴我。」

我們安靜地坐了一陣子。然後我問愛蜜莉是否曾得到父親的關愛。

「我爸基本上有在跟沒在一樣。他的工時很長，現在回想起來，應該是想盡辦法在避開她。沒人給過我任何人生建議、指導、愛或者情感支持。如果他們根本不想要我，為什麼還要生下我？」愛蜜莉說。

愛蜜莉深信全世界只有她被母親如此誇張地拒斥，但令人傷感的是，我其實很常聽到類似的故事。許多女兒都曾告訴我童年被忽視的過往，彷彿她們是隱形人，彷彿媽媽根本不要她們。這些女兒總在渴求母親的關注、撫摸、溫暖及情感支持。

許多母親都像愛蜜莉的母親一樣，把孩子視為「亂源」、「困擾」，或阻止她們實現夢想與遠大計畫的阻礙。她們深信生活應該有更好的樣貌，其中不會有孩子提出各項需求來搗亂。明明女兒擁有一張可愛的臉龐，且純真地對她們付出無私的愛，在她們眼中卻彷彿完全不存在。

我們常看著這些母親，心想：她們怎能如此疏離、無動於衷，對如此無助且極度依賴她們的孩子如此冷漠？情感就像乳汁，而孩子需要乳汁才能存活。

為何會出現這種情況？原因可能很多。我們必須假定這些母親或許也受過極大創傷，才會變得如此冷漠而心不在焉。她或許也曾被母親拒斥，或者在成長過程中缺乏愛，沒有機會為溫柔、同理或付出等能力打好基礎。這類創傷不可能自己消失。

這些女性成年後，常屈服於社會壓力而決定生育，也有人是配合丈夫，但自己未必真心想要孩子；或者有人就是意外懷孕，明明內心充滿疑慮，卻仍基於道德或宗教信念，決定成為母親。接著，寶寶出生了，她們被迫面對生活被孩子大幅度改變的現實，並突然之間發現孩子需要太多關注，而她給不出來。

愛蜜莉的母親幾乎注定與愛無關，因為她的心中連一點愛的火星也沒有，於是在探索母職這片全新領域時，她的臉上總帶著難以軟化的恐懼與挫敗。這類女性心中充滿了怒氣，女兒成為她在生活中感到不滿、無聊及無助的代罪羔羊。她只希望女兒離開自己的視線。

・「我在這個家裡是多餘的嗎？」

有些母親會半夜把孩子留在教堂門口，之後與其他男人私奔。相較之下，愛蜜莉體驗到的這種情感遺棄看似不那麼戲劇化，但其實本質上一樣令人迷惘、不知所措且嚇人。

愛蜜莉說：「我始終無法安心，也不知道怎麼做個孩子。我沒有安全網，從未得到任何建議、指導、規範、關愛或情感支持，總之，幾乎沒有應付生活的能力可言。就連很多簡單的事情，我都不會做。我永遠無法依賴母親。她從來不像個媽媽。我也從來不覺得自己是她的珍寶，只是她有空時必須處理的一件事。

「我覺得被遺棄了。第一次來月經時，我不知道發生了什麼事，跑去找媽媽，她只回答：『妳自己想辦法處理。』」

於是，她很早就下定決心：負面關注總比毫無關注好。

「每次因為我考試作弊或在走廊上親男生被抓到，我媽就必須來學校處理，至少在那時候，我可以想像她真心在乎我，結果我後來惹上了一身麻煩。但要是不惹麻煩，我簡直跟隱形人沒兩樣。」

「隱形」，處境與愛蜜莉類似的女兒常使用這個詞。愛蜜莉的母親基本上已經抹消了孩子的存在，而太渴望母愛的她決定不擇手段地去獲取。她不相信有人可以靠做自己得到愛。

愛蜜莉說：「我總是選擇跟糟糕的男人在一起。我願意放棄金錢、成就或未來的計畫，反正放棄什麼都可以，就希望有個人愛我，想和我一起生活。我渴望能有人照顧我，但結果總是不順利。他們最後都變得跟喬許一樣，一開始表現很好，但愈來愈疏離。我甚至不知道我們有沒有親近過。」

她開始輕聲哭泣。

「我覺得是我不夠好，才無法擁有一段好的關係。有時候也會想，如果真的天殺的有個在意我的母親，情況會有什麼不同？」

我說：「愛蜜莉，我想幫助妳走出這一切。為了達到目標，妳不能卡在這種『但願……』的心態裡，不然就會困在各種渴望、幻想及盼望的思緒中。」

我告訴她，我們會想辦法朝兩個方向努力：一方面討論她的感情問題，也就是眼下的危機，但同時也要討論她的童年。無論最後是否繼續和喬許交往，她都可以學到讓自己不再隱形的新方法。

無法保護孩子的母親

母獅子會為了保護幼獅奮戰至死，一個關愛孩子的母親也該如此。為了讓女兒健康成長，母親必須盡到許多責任，其中最重要的或許就是保護孩子。如果一位母親明明知情，卻沒有保護女兒不受心理、身體或性方面的虐待，無論對方是父親、繼父或其他幫助、教唆犯行的人，她都等於是支持或允許這些傷害發生，也等於背叛了女兒。這種情感遺棄會在女兒心上留下巨大創傷，也可能產生危險的後續效應。

有些母親因為過度恐慌、被動、自私自利，又害怕被傷害或遺棄，因此容許自己的女兒被毆打或者遭受性騷擾，但就是不敢質疑或反抗施暴者，並因而造成毀滅性的結果。她們會無所不用其極地留住伴侶，無論對方多冷酷或暴力，她們都選擇無視女兒的尖叫或懇求，甚至想辦法將自己的作為合理化：她們是為了女兒好才不介入。她們把眼光移向別處，沉默地容許傷害繼續，獨留女兒沉溺在恐懼、疑惑和罪惡感中，甚至深信一切都是自己的錯。

・金姆：面對揮之不去的過往

金姆有一頭亮眼的紅褐色頭髮，四十二歲，是女性雜誌撰稿人。她說自己和十六歲女兒梅莉莎的關係最近變得緊張，出現很多摩擦。金姆與梅莉莎之前關係很好，但是當梅莉莎像一般孩子一樣開始疏遠父母，也變得更愛和朋友相處後，金姆就憂心忡忡。梅莉莎在學校很受歡迎，成績也好，金姆說她希望一切能夠維持現狀。

「她一直抱怨我不信任她，但我只是需要設下界線，確保情況不會失控而已。她的門禁是九點，不管到什麼地方都得向我回報，而且當然不能在外面過夜或約會。過夜和約會是麻煩的根源。」金姆說。

我表示不明白為何她如此擔憂。梅莉莎成績很好，生活似乎也管理得不錯。

金姆說：「是沒錯。但我知道在孩子這種年紀，妳如果不看好她們，一定會出事。她們可能瞬間就失控了。」

金姆似乎憑空捏造出一堆負面的可能性，而一個十六歲女孩得面對這麼多限制想必很不開心，她甚至無法晚上去看完一場電影，因為九點以前就得回家。但金姆堅持孩子需要她的保護。

金姆說：「妳也知道現在外面情況有多糟，孩子太容易惹上麻煩了。多希望我媽以前也能如此在乎孩子，我的人生會因此平靜不少。」

我請金姆仔細想想，她之所以對女兒的生活如此焦慮，是否和自己的過往經驗有關？背後是否有揮之不去的舊日幽魂？

她想了很久。

「我大概一直擔心無法做一個稱職的母親。我知道現在談這個有點太遲了……但我的童年過得很慘，常心想：『一切總算過去了，我現在過得很好，可以咬緊牙關撐下去。』

但其實內心還埋藏著許多過去留下的垃圾。」

金姆眼中浮現淚光。我向她保證，只要能好好面對那些「垃圾」，會為她帶來很大的幫助。

「妳小時候，家中狀況如何？」我問。

金姆說：「我只對丈夫談過這件事。我只信任他……我的童年是一場噩夢。我父親常會突然暴怒，一暴怒就打人。他不但會揍我，還常推我去撞牆，而我媽就沉默地站在旁邊看。她什麼都不做！她容許丈夫糟蹋她，也容許他用同樣的方式糟蹋我。我得付出高昂代價，就為了讓她能擁有一個丈夫，以及一個看似正常的家庭。她只在意別人的看法。」

在暴力婚姻中，母親常化身為驚恐的小孩，面對身體或情感暴力時只想自保，完全無法考慮小孩的安危。她往往逃避問題，有時候還把小孩當作盾牌推出去抵擋攻擊，而不會為了把施虐者趕出家裡採取必要手段。

金姆說：「我好希望她保護我、照顧我，但她明明目睹了一切，卻像瞎了一樣。」

由於母親始終否認現實，於是金姆成了獻祭的羔羊。真相成為敵人，因為可能顛覆這個毀滅性家庭中不健康的平衡關係。這類母親一旦面對現實，就得採取行動，比如通報警察或受虐兒童機構，但她們太害怕了，根本不可能考慮這些選項，所以選擇鼓吹沉默與順從的美德，盡量不干涉施暴者的行為。

金姆說：「我爸……是個瘋子。他會拿皮帶抽我、吼我、處罰我。我做什麼都不對。住在家裡就跟身處地獄沒兩樣，我覺得快溺死了……空氣似乎永遠不夠。大概五、六歲吧，我就已經比任何人都更了解狂暴、恨意、怒火和激烈的恐懼是怎麼回事。我只希望爸爸死掉……我好恨他，甚至希望……希望可以殺掉他。哪個孩子應該經歷這種感受呢？

「還有我媽！我知道她有聽見我尖叫，聽到皮帶抽打我皮膚的聲音。我知道她聽見我哭喊著求救時聲音中的痛苦……但她沒有試著保護我，一次也沒有。我是她的小女兒，但她從來不……」

她安靜啜泣了一陣子，然後擦去眼淚。

「妳知道我最不懂的是什麼嗎？為什麼我們不能去跟外婆住呢？我外婆有一棟大房子，我總會一邊數她家有幾張多出來的床，一邊想為何不能搬過來。我們明明有地方去，但我媽堅持讓我跟那個野獸住在一起，還讓他虐待我和小弟……我跟她說我們該逃去外婆那裡住，但她說：『妳知道那是不可能的，妳爸不會讓我走。別說這種話。事情不會再發生了。別再提起。』我一直覺得好無助、好害怕，也沒人可談這件事。我發現我的意見完全不重要，或許正因為如此，現在才想要透過寫作表達自我吧！我覺得孤立無援，不知道可以相信誰。」

◎當信任變得殘破不堪

正是那種恐懼、挫折及背叛的氣氛，影響了金姆解讀他人及情勢的能力。她們無法發展出精準的情緒判讀尺標。離開老家之後，她常在明明應該信任他人時表現出極端相反的行為。許多兒時缺乏保護的女兒都會出現類似情況。她們擁有一種錯誤的預設立場：所有人都可能傷害、背叛自己，並深信在這個危險的世界上，自己終究得孤身奮鬥。她們變得心懷恐懼、疑神疑鬼，與人接近及親密的能力因此受損，而且總把人想得很糟——畢竟如果妳連自己的母親都無法信賴，其他人又會有什麼不同？

另一種可能的極端發展，就是變得過度相信人，再加上一心只想找到關心自己的人，她們往往沒注意到對方身上的警訊，因而，再次落到戕害自己的人手裡。從小缺乏保護的女人不相信自己值得被愛，因為她們在潛意識裡已經認定了：如果自己值得被愛，母親就不會任人傷害自己。「我不可能遇上任何好事的。」缺乏保護的女兒會這麼告訴自己。

「真正美好、善良的人不可能會愛我。」兒時受虐的女性在成年之後，反而會受到言行與施虐者類似的人吸引，於是，許多處境類似金姆的女性都可能擁有情緒不穩定的另一半，對方甚至會出現施暴傾向。

金姆在上大學之後認識了艾力克斯，他是個聰明、外向的商學院學生。她告訴我，

「我覺得人生總算要變好了，這個人似乎真的愛我。」於是交往一年後，他求婚，她立刻迫不及待地答應了，即便剛認識時，他偶發的火氣曾讓她困擾了一陣子。

她說：「現在回想起來，許多時候我都知道以後一定會出問題，雖然都是些小事。他會因為女服務生把食物晚拿來幾分鐘而大發雷霆。要是在路上遇到瘋子，他也無法放著不管，一定要跟對方吼到贏為止。這些行為讓我緊張，但不常發生，所以我想，或許他只是剛好那幾天過得不順吧！」

金姆看出了艾力克斯可能有情緒失控的問題，她很害怕，卻也從中得到某種慰藉——千萬別低估習慣的力量。不過，她沒有被兒時的處境完全摧毀，內心仍留有健全的部分，所以有辦法客觀地分析艾力克斯。

「我對艾力克斯百般忍讓。他清醒的時候還好，但後來常喝酒，而且喝醉之後變得很刻薄。他脾氣很糟，梅莉莎出生時，我真的好怕。每次只要他發火，看起來就像我父親帶來的噩夢重新上演。不過某天晚上，他只因為不喜歡我煮的晚餐便用拳頭搥牆壁，還摔碎了我們最好的陶瓷餐盤，我就知道得為了保護自己和女兒辦離婚。我發誓絕不能變成像我媽那樣的母親。」

金姆靠著無與倫比的勇氣離開了艾力克斯。她差點再次受虐，梅莉莎也差點成為暴力的受害者。心懷恐懼的她找到了一個兒時受虐倖存者的支持團體，並大量閱讀相關書籍。她發現自己並不孤單，這個女性社群的成員們都能理解她的經歷，也讓她從中獲得許多力量。

她幾乎深信自己已經完全把過去拋在腦後了。她的寫作生涯發展得很順利，第二任丈夫陶德是位成功的化學家，對她及梅莉莎都很好。她對於生活很滿意，但和梅莉莎之間的衝突卻使她既痛苦又困擾。

「我絕不能變成像我媽那樣的母親。」這個決定曾幫助她度過艱困時刻，現在卻成為阻礙。金姆擔心的是，如果沒有一直看著梅莉莎，自己可能變得像記憶中那個糟糕的母親一樣。為了彌補過往的遺憾，她成為紀律嚴格的過度保護者。過往的信任問題再次浮出水面。理智上，她知道梅莉莎是個負責任又頭腦清楚的孩子，卻總是無法克制地想像她最糟的一面。她再次失去了客觀判斷情勢的能力。

隨著我們一次次會面，她逐漸明白，之所以對女兒感到如此焦慮，根源正是自己充滿恐慌的童年。一旦我們解決了兒時經歷帶來的痛苦影響，她在面對過往及現在的情緒時都穩定不少。她不再把梅莉莎管得那麼緊，隨著時間過去，兩人也都付出善意之後，金姆又重拾原本害怕已失去的親密母女關係。

・妮娜：當受害者成為壞人

許多母親不但無法保護女兒，還會透過無比精細的說詞，將施暴者的行為合理化，甚至責怪是女兒自己去「招惹」別人，才會過得如此悲慘。

第一次會面時，四十八歲的電腦系統分析師妮娜表示想改善人際關係與自我形象。她的凌亂灰髮往後梳成一條辮子，臉上完全沒化妝，自述從未與人認真交往過。

我問她是如何看待自己的。

妮娜看著自己的大腿，說：「我很樸素、笨拙，鼻子太大，兩隻眼睛距離太近。不可能有人想跟我在一起。這種事看鏡子就知道了，大家都很清楚。」

我告訴她，鏡子是中性的存在，不會說出「妳很樸素」或「不可能有人想跟妳在一起」這種話。但她常聽到這類評論，而來源正是她的父親與母親。

「我是家族中的老鼠屎。他們想要一個漂亮的金髮女孩，但我長得矮，皮膚黑，舉止又笨拙，走路老是絆倒。是這樣的，我有一種很怪的關節毛病，所以小時候總是笨手笨腳，一天到晚跌倒。我的關節狀況不穩定，但一直都不知道問題出在哪裡。我媽向來不太相信醫生，她只會說：『妳根本是為了得到注意力才故意跌倒，大概也是為了挑釁妳爸。』」妮娜說。

「妳爸被挑釁之後會做什麼？」我問。

妮娜說：「打我。只要我一跌倒，他就打我，說我是故意的。他心情不好時也會打我，不是用拳頭，就是用皮條……我真的很怕跌倒，但就是沒辦法。我還小的時候，常會等到他出門工作後才走出房間，就是怕他看到我。」

就像其他無法保護女兒的母親一樣，妮娜的母親變得殘酷又挑剔，總是藉由責怪妮娜，將自己的懦弱和失職合理化。「別再惹妳爸不開心了，」她會對早已嚇壞的女兒這麼說：「別再講他壞話，我不想聽。」她一邊放縱丈夫的施虐行為，一邊打擊自己的女兒。比如她常對女兒說：「妳也知道他工作多辛苦，有點同情心好嗎？拜託妳好好跟家人相處。」

在出現施虐行為的家中，所有人的思考邏輯都已扭曲，是非顛倒是常見的情況。由於身體問題沒有獲得治療，小妮娜過得愈來愈痛苦，不但得一天到晚懦弱地躲避父親，竟然還被視為家裡的壞人，而她父親是「受害者」。「對他好一點就是了，要說早安，還要微笑。」妮娜的母親總是這麼告訴她——對那個揍妳的人微笑。

除此之外，她還會打擊女兒的自我形象。

妮娜說：「她會一邊搖頭，一邊盯著我，好像我是個她不得不接受的詛咒，同時不停地說我有多醜。」

妮娜靠著驚人的意志力建立了屬於自己的生活，一等年紀夠大，就搬離家。她接受電腦技能訓練，存錢，盡力搬到離家很遠的地方，但母親說過的話卻如影隨形地反覆在她的腦海中播放：

- 妳很自私。
- 妳沒有同情心。
- 妳很醜。
- 妳是個不健康的人。
- 妳不可能找到男人。

難怪妮娜會這麼害羞又自我封閉。再加上工作上也有人傷害她、對她說惡毒的話，或者把所有問題都怪罪到她身上，於是她除非工作需要，否則幾乎完全不與人接觸，總是獨來獨往。

我們試圖拿掉母親強加在她身上的自我形象，開始尋找她的真正自我，不過，在一對一會面幾次後，我發現妮娜最需要的是足以打破孤絕的環境，因此，團體治療會比較理想。當時我沒有帶領任何團體，所以把她轉介給一位信任的同事，並告訴妮娜，一旦她在團體內適應良好，我們這邊的治療就能開始收尾。妮娜一開始光想到要在人群面前說話就很恐慌，但經過兩次團體治療後，她就有了敞開胸懷的勇氣，她告訴我，團體中的人都願意彼此聆聽。隨著時間過去，她也終於能無懼地看著別人的眼睛說話。生平第一次，妮娜因為與人產生連結而感到喜悅。

當母親開始失控

受母親忽視的孩子，往往因為遭受背叛而感到震驚。假使母親動手施虐，那種背叛更是椎心刺骨。

突然之間，原本應該愛撫妳的那隻手握緊拳頭，或者拿起皮帶、大衣架或大型木湯匙，那個應該全心關愛的女人盯著妳，或用怒氣騰騰的眼神刺穿妳。接著她動手了。她的怒氣足以改變一切，就連尋常的廚房用具也能化身為武器。孩子柔軟的身體開始出現瘀青，甚至骨折。母親成為怪物，原本安全的世界徹底粉碎。

我在剛開始執業時，遇見了許多兒時受虐的成年人，當時總假定施虐者主要是父親或家中的其他男性。但隨著經驗累積，我發現母親也常是出手毆打的那個人。

這些女性的精神狀況非常不穩，甚至可能患有精神疾病，一旦被激怒就會失去控制衝動的能力。施虐母親受怒氣掌控，把女兒視為所有傷害、辜負自己的惡人替身。孩子激發出她內心所有未解決的憤怒、怨恨、無能，或害怕被拒絕的情緒，也成了母親內心醜惡垃圾的傾倒場。

黛博拉就曾在會面時，提供了一個令人毛骨悚然的例子。

「在成長過程中，我從不知道我媽何時會爆發，也不曉得她會暴怒到什麼程度。我們家就是人間煉獄，總是充滿了怒吼、尖叫、咒罵和無從預期的暴力行為。她真的很惡毒，會非常用力地打我巴掌，還常揍我的頭，次數多到我根本數不出來。她用鐵絲做的大衣架打我的手臂、手和背。假如我躲進浴室，她就拿鉛筆把門鎖撬開，大吼著說我是被寵壞的傢伙、一個壞透的女孩，然後繼續揍我，拉我頭髮。要是我不聽話，她會逼我面壁罰站好幾個小時，如果我因為腳麻跌倒，她就扯著我的手臂把我拉起來，然後打我的背和腿的後側，直到我再次站直為止。她真的很殘忍……我不懂怎麼能有人對小孩子那麼冷血。真不知道我是怎麼活下來的。」

‧黛博拉：學習處理怒氣

黛博拉透過電郵表示希望約診，而且愈快愈好。她是個四十一歲的平面設計師，事業不大但穩定發展中。最近，她對八歲女兒發了一場脾氣，卻被自己的怒火嚇壞了。「我碰上麻煩了。」她在信中寫道。

幾天後，她走進了我的辦公室，一臉蒼白焦慮。我先詢問了一些背景資訊，接著問她到底發生了什麼事。

她說：「前幾天，我幾乎出手打了女兒，自己都嚇到了。我真的太生氣了，腦子一片混亂，只差一步就要打人。我沒有動手，但真的只差一點點，我曾發誓絕不做出這種事……我不是想找藉口，但最近壓力真的太大。家裡有三個不到十歲的小孩。雖然事業發展得很好，我也很開心，但工時變得很長，回家時簡直像被掏空一樣。禮拜四晚上，我回家時看到八歲女兒潔西卡獨自在客廳看電視，另外兩個孩子在樓上跟爸爸看球賽。我不知道潔西卡發什麼神經，總之她用沙發靠墊蓋出一座城堡，拖了一堆食物進去，大概還和狗打鬧了一陣，所以爆米花散落一地，地毯上還有可樂打翻的汙漬。而她就坐在那團混亂中看什麼愚蠢的電視節目。我抓起遙控器，關掉電視，開始發號施令，叫她把這團混亂打掃乾淨，之後立刻上床睡覺，而且至少一星期不准看電視。直到我允許之前，她也不准在電視前吃零食。

「她坐在那裡不動，我要她立刻開始動作，然後聽到她低聲罵我是惡毒的老太婆。我腦中立刻有條神經斷了線，開始對她大吼……真的太可怕了。『妳怎麼敢這樣對我說話？妳以為妳是誰呀？妳這個不知感恩的賤貨！我真是受夠妳了！我還不是為了妳才賣命工作……』以前我從來沒有對孩子說過這種話。狗鍊就在桌上，我伸手去拿，舉高，一副就要……喔！老天，蘇珊。潔西卡嚇傻了。她臉上的表情我太熟悉了。小時候只要我媽準備打人，我就是這副表情。我變成我媽了嗎？……絕對不行。我媽根本瘋了。我也瘋了嗎？我心中似乎充滿怒氣。」

我向黛博拉保證，怒氣只是一種強烈感受，不代表她瘋了。黛博拉完全有權生氣，不過，正如她的經驗顯示的，尖叫與毆打無法在養育孩子時造成任何正面影響。憤怒只會讓孩子學會憤怒。黛博拉得想辦法處理在她內心累積已久的怒氣，而為了達成目標，我們得仔細檢視她兒時遭受的虐待。

黛博拉告訴我，她大概從三、四歲時開始被媽媽打，接著她鉅細靡遺地生動描述了各種被打的場景。等她長大，離家，首先就是與暴力過往劃清關係，並努力確保一切不再捲土重來。她上大學後同時打好幾份工，就為了自己付學費與生活費，才能和母親斷絕一切聯繫。其中一份工作的業主是平面設計公司，她畢業後在那裡成為正職員工，然後幾年前，她自己開了網頁設計公司。

她說：「跟媽媽斷絕聯繫後，我真以為一切沒問題了，尤其我又有了家庭，還生了小孩，這種想法更堅定。生下女兒之後，我真的很難想像為何有人想傷害一個小女孩？尤其還是孩子的母親？那可是曾和我以臍帶相連的女人呀！我曾在她的身體裡。我知道有個寶寶在肚子裡成長是什麼感覺，也記得第一次看到寶寶的臉……但她竟如此糟蹋……怎麼可以呢？我每次回想都氣到不行。」

黛博拉就像許多受虐女兒一樣，母親帶來的痛苦及各種羞辱在她內心埋藏了一座憤怒火山。而現在，目睹自己對孩子發飆的場景後，她好怕怒氣再次噴發。這種恐懼非常合理：如果缺乏適當治療，曾受虐的女兒因為內心堆積了過多的激烈情緒，很可能會在日後成為施虐者。

◎其實可以直接說：「我很抱歉。」

黛博拉明白，當務之急就是將母女關係緩和下來。「潔西卡是真的在躲我，」她說：「她還在緊張。我不知道該怎麼做。我想我真的傷到她了。」

我建議她先從道歉開始。一旦妳做錯事，道歉是能給孩子的最好禮物。她會知道妳並不害怕表現出脆弱或真誠的一面，而且正因夠尊重她，才願意承認自己的錯誤。與此同時，希望潔西卡改善行為也是適當的要求。「妳必須請她尊重妳，了解妳工作很辛苦，回家真的很累，所以很需要她把自己造成的混亂場面收拾乾淨。」

黛博拉事後向我回報，道歉的效果很好。她道歉後伸出雙臂，潔西卡立刻跑來倒在她的懷裡，還讓黛博拉輕撫她的髮絲。現在，黛博拉決心根除自己的怒氣問題。於是接下來的會面，我們打算把焦點放在她內心的憤怒與憂傷。

性侵害帶來的雙重背叛

如果母親明知女兒遭受性侵，卻毫無作為，女兒可能因此付出高昂代價。性侵害會讓女兒深陷極度羞恥的情緒，打從根柢感覺受侵犯，並因為留下無法擺脫的汙名而深陷孤絕。她們往往會覺得自己是「壞掉的商品」。

性侵議題早已攤在陽光下討論多年，但仍有許多人不明白這項罪行背後的運作機制。原始性衝動並非性侵害的最主要驅力，而是施虐者心中冷漠又扭曲的權力與控制需求。他會利用自己的權威地位逼迫受害者（可能不只一位，畢竟他可能不只侵害一個女兒）屈服，也可能透過「讓爹地開心」或「我來教妳之後跟男生來往的方法」的話術，進行操弄或誘騙，聽話的女兒因此覺得自己是共犯，並加深內心本該屬於父親的罪惡與羞恥感。

性侵犯想要什麼就出手，無論對象是三歲、七歲還是剛進入青春期的幼弱女孩。就算某種程度而言，他們清楚這類侵犯會對受害者的身體及存在本質造成嚴重創傷（真難相信他們**毫無所覺**），卻從未因此停手。性侵者通常情緒不成熟，缺乏安全感，就算在公領域看來正常，私生活方面卻往往極度失能，心智也相當不穩定。

那麼，明知或懷疑孩子受侵害卻沒有作為的媽媽呢？就像本章提及的其他母親一樣，這類母親沒有自主能力，所以不敢挑戰身為丈夫、男友或家族其他成員的侵害者，當然也無法把女兒從危險中救出來。

性侵害只會發生在極度紛擾的家庭中。這類家庭裡的人際界線混亂不明，常常彼此侵犯。我曾治療、引導許多受害者重拾自信、尊嚴，以及最重要的：自尊。針對這個主題，我挑選了一個代表性案例，讓讀者稍微明白沉默母親與施虐者的共謀關係。如果妳曾遭受性侵，身邊也沒人出手保護，應該會發現故事中有許多情節很熟悉。此外，我也要向妳保證：妳一定也能好起來——就從現在開始，就從無懼地面對過往開始。

・凱西：妳必須照顧妳的傷口

凱西是個打扮犀利的女子，三十三歲的她是廣告業務。她之所以來找我，是擔心反覆發作的憂鬱症狀會讓兩名年幼女兒受苦，她也敏銳地察覺到，應該是曾受父親性侵，但始終沒有去治療內心創傷，自己才會出現慢性憂鬱問題。她的故事實在很常見。

凱西說：「我幾乎一輩子都在跟這件事對抗。我從八歲就開始被父親性侵，實在太可怕了……『這還不是最糟的情況呢！』我努力說服自己，一定有很多人過得比我慘。但自從有小孩之後，我發現這段記憶的影響力變得更強。總之，我變得老是沮喪，之所以來這裡，是不想讓孩子覺得是她們的問題。我發現大女兒會在我憂鬱時肚子痛，彷彿可以感應到我的情緒。她不該受這種苦。所以我想，現在該努力處理這段過往。我讀了很多書，多年來也用各種方式努力修復自己，本來以為有所改善，但我錯了。問題還沒解決。」

前來求診是睿智的選擇。性侵害絕對需要專業協助。對於和凱西有類似經驗的人而言，憂鬱就像氣候一樣，是有起伏變化的恆常存在。不過，只要花愈多時間與好的諮商師合作，受害記憶對妳的影響力就愈低。因此，尋求協助可說是一份贈予妳和家人的大禮。

我告訴凱西，首先要做的就是說出受害發生時的家庭狀況。這是一件困難的事，但她仍鼓起勇氣，義無反顧地揭開過往創傷。

她說：「是從我八歲開始的。我們會一起坐在我爸媽的床上看電視，然後我爸會要我玩『騎馬』遊戲，就是坐在他身上不停彈跳，我後來才知道自己是坐在他勃起的陰莖上，但一開始根本搞不清楚。然後他開始摸我、親我，還會要我摸他……他從未進入我，但還是糟透了，蘇珊……」

「一定很糟呀！妳很困惑，又害怕極了，那跟被性侵者進入與否無關。」我說。

性侵包含許多不同種類的行為，是否插入並非決定性因素，不過全都與被信任的人背叛有關。施虐者會運用權力脅迫受害者，或強制受害者參與某種情境。就算沒有身體接觸，對孩子裸露性器、給她看色情片，以及要求她脫衣或裸露，全都落在性侵的光譜範圍內。至於牽涉身體接觸的性侵形式更是不少——碰觸孩子的性器、屁股、胸部，或要求孩子碰觸成年人的這些部位；在孩子身上摩擦；用手指或物體插入；性交。

身體就是靈魂的容器，一旦受到侵害，妳等於整個人的存在根基遭受到衝擊。必須注意的是：孩童覺得必須保密的行為通常都跟性侵有關，而且正如以上例子所示，那些幾乎無疑地全是犯罪行為。

◎沉默的共犯：否認及卸責

凱西受到的侵害持續了好多年。我問她是否曾把事情告訴別人。

她說：「爸爸警告我不准跟別人說，但我在十歲時決定告訴媽媽。我希望一切停下來！但她真的什麼都沒做！她跟我爸談了一下，他保證不會再犯，也會接受諮商，但全是謊話。他還是繼續侵害我。」

如果是關愛孩子的母親，光是聽到女兒遭受性侵一定會大發雷霆，並採取必要措施終止侵害。「要是有人敢那樣碰我的寶貝，」一位聽眾打電話到我之前主持的廣播節目分享心情，「我會想殺掉他！一定立刻叫警察！」她是會為保護孩子而奮戰的母親典範，所有女兒都該擁有這種母親。不過，當母親缺乏執行正義所需的怒火與力量時，被拋棄的女兒將可能長年受到肉體與存在價值的戕害。

更糟的是，正如之前妮娜的例子，無能母親可能會讓孩子覺得是自己的錯。當母親將責任歸咎到受害女兒身上，那些話語會如同強酸腐蝕她們的心靈：

- 他不可能做出這種事，一定是妳去招惹他。
- 只要妳願意，就能阻止他。
- 妳一定也很享受吧！
- 如果不是妳穿那些緊身短褲，事情也不會發生。

她可能會以一些說詞否認侵害發生的事實，例如：「妳只是為了獲得注意在說謊。」「根本不可能。」「妳這麼說，只是想報復他。」

就算真的勉強願意「保護」女兒，她也只會給出一些無關痛癢的建議，像是：「在門上裝鎖。」或：「離他遠一點就是了。」

怎麼可能出現這種否認現實又麻木不仁的共犯關係呢？但正如本章提到的其他母親一樣，任由女兒遭受性侵的母親通常心懷恐懼、自我中心又被動。她或許害怕面對家庭崩解，或許害怕他人發現事實後，必須面對的羞愧與罪惡感，又或許她深信，為了留下丈夫工作養家，任由女兒受侵害是必須付出的代價，因此害怕採取行動後，必須面對的動盪與後果。

某些案例中的母親甚至會嫉妒女兒，而且還不少見。這類母親覺得在婚姻中被女兒取代了。明明「侵害」才是這段父女性關係背後的驅力，她們卻將其誤以為像一般性行為，甚至把年幼女兒當作和自己搶奪丈夫的競爭者。假如孩子的父親是成功的專業人士（許多亂倫性侵者確實如此），這類母親通常不願放棄附加其上的好處，畢竟對她而言，經濟保障和大房子比女兒來得重要。

這類母親幾乎完全缺乏同理及同情心。在她們的情感詞彙中，缺乏「愛」與「保護」的存在。

◎第二層背叛

我必須特別強調，受侵害的女兒若想痊癒，母親對受害事件的反應很重要，她們的反應不但會影響女兒思考事件的方式，也會影響女兒在後續餘波中，面對自我的感受。關愛孩子的母親會相信孩子說的故事，安撫她沒做錯任何事，通常也會離婚或叫警察逮捕性侵者。如果缺乏這段被認可的過程，受害女兒會覺得自己「受損」（damaged）、「骯髒」（dirty）、「異常」（different），此三種特徵正是我們在討論亂倫時提到的「三D」。

凱西跟許多受害者一樣，剛開始選擇自我封閉，並把自己吃胖作為掩護，誤以為**這樣**就能讓自己變得不吸引人，也能因此變得安全。

凱西說：「有很長一段時間，我對約會毫無興趣。怎麼可能會有人想要我呢？我就是個被父親糟蹋的女孩而已。為了彌補內心的空虛與寂寞，我不停地大吃。我不相信任何人，壓力總是很大。大學時，我的體重大幅增加，於是更討厭自己。我曾因憂鬱接受過諮商，也想辦法減掉了不少體重，但仍深信不會有人愛我……

「大學畢業後，我在一家廣告代理公司實習，接著，奇蹟發生了。」

凱西在職場上跟伊森成為朋友，他是個和善又活潑的男人。兩人彼此吸引，逐漸發展出情愫。

「伊森一直對我非常好，知道我的傷痛後也能感同身受。我們在一起十三年，他常聽我提起這件事。每次只要我努力振作起來，他都會陪在我身邊。他真是老天送來的禮物。」

但就算擁有伊森的愛與支持，創傷回憶在兩人的關係初期也少有蠢動跡象，凱西仍不確定何時會再次被過往淹沒。畢竟兩個女兒出生時，這段回憶都曾捲土重來；偶爾看到丈夫幫女兒洗澡或換衣服時，她也會忍不住想起。這種情況很常見，孩子常是引發黑暗回憶的最佳觸媒。其他觸媒包括父母過世，以及電視或電影上出現的侵害場景。另外，女兒成長到妳曾受害的年齡，也可能觸發回憶。

凱西說：「我媽覺得我們該忘掉過去，最近還說她不想談，因為太丟臉了。她根本不明白丟臉是什麼意思。現在的我再也不想容忍她的抗拒現實及負面觀點。她表現得像什麼都沒發生一樣。我才是想真正放下過去的人，但她不願幫忙，我真的很氣。人們總說你得先學會原諒，才能繼續往前走。真希望我做得到。」

我說：「妳母親的作為很糟糕，凱西，雖然很多人跟我意見不同，但妳真的不用原諒她。不過，妳**確實**必須釋放並重新掌握她的背叛對妳造成的影響。原諒不是一下子能解決所有問題的仙丹妙藥，更何況，妳的父母並沒有為自己的破壞性行為負起責任。」

「謝謝妳這麼說。現在我有了兩個美好的孩子，曾經壓抑的怒氣更常浮現。我永遠不會容許任何人傷害我的孩子，也永遠不會讓她們置身**可能**受害的環境中。我想，我得搞懂的最大問題是：為什麼我媽面對我時沒有這種感受？」凱西說。

我告訴凱西，專注於「為什麼」不見得有建設性，因為我們或許永遠無從得知。至於痊癒，需要的則是檢視那段過往、了解過往如何造成影響，以及我們可以回應、處理的方式。

妳只是受傷了，不是毀了

性侵不是必須埋藏的祕密，也不是見不得光的議題。在漫長的職業生涯中，有幸身為首波正面談論此議題的心理健康從業人員，始終是我最自豪的經歷。這是一場艱辛的戰役，我每次上廣播、上電視、參與研討會或接受報紙採訪，都談個不停（喔，老天，我真是談個不停），終於，大眾和某些非常抗拒的心理專業人員願意聆聽，性侵也不再成為禁忌。現在人們更了解此侵害的嚴重性，也明白對孩子造成的傷口有多深。當然，我們對於各種身體侵害及情感忽視的理解，也更為增加。

每次面對愛蜜莉、金姆、妮娜、黛博拉和凱西這類女人的勇氣和決心，我總是心懷感動與敬畏。她們即便遭受母親背叛，卻仍透過治療苦撐，甚至活出令自己滿足的人生。

我要向讀者保證，如果妳是情感忽視、身體侵害或性侵的受害者，就算從未接受適當的安慰或關懷，也不代表人生就此走到盡頭。受忽視及侵害的後果確實嚴重，痊癒的過程往往也充滿跌宕起伏，但妳絕非注定走向毀滅。妳只是受傷了，不是毀了，而傷口總能教導我們最了不起的智慧：同情心與同理心。妳也因此更能敏感地判斷是否被他人惡待。一旦能夠好好運用這些智慧，妳就能化危機為轉機。現在就讓我來告訴妳，該怎麼做。

第二部

療癒母愛創傷

＊

我們將在接下來的章節，討論許多對妳有幫助的技巧，其中包括：角色扮演、信件書寫、視覺化，及其他效果強大的練習。我就是透過這些技巧，帶領先前提及的女性走出了迷惘、傷痛與憤怒，她們因而如釋重負地理解：面對母親時，內心的痛苦及困惑並非自己的錯。

如果妳繼續閱讀下去，並嘗試進行其中的一些練習，就能理解妳不必為母親的無愛行為負責。妳完全不該受到情感遺棄、令人窒息的對待、虐待、霸凌等待遇，當然也不該為了母親要建立自我，而被百般壓榨。妳值得被愛，只是母親沒有或無法付出妳所渴求的溫暖、安全感、情感支持和被珍惜的感受。而我們在這些章節中的目標，就是幫助妳打從心底接受以上的真相。在妳痊癒並能夠於處理母女關係時做出明智決定之前，妳的大腦、直覺和心靈，都得全面理解發生在自己身上的事。

根據個人經驗、個案觀察及其他人寫給我的信件與電郵，我知道，理解真相是一段傷人的過程，但只要鼓起勇氣擁抱真相，妳就能從母親失職造成的傷口中解放出來。以自己舒服的節奏進行這段過程即可。不要一次把本書讀完，時不時停下來消化吸收，再往下讀。也千萬不要壓抑情緒。妳或許會邊讀邊哭，完全無妨，哀傷與怒氣都是過程中正常且必要的情緒。切記：眼淚就像河流，從一處發源後止於另一處，終將帶領妳航向痊癒。

另外請別忘記，以下章節提到的練習，無意取代讀者與諮商師當面合作、支持團體或「十二步驟計畫」②的功能。如果妳曾受到肢體或性侵害，請**務必**尋求專業協助。若妳現在正使用藥物或酒精減輕痛苦，請一定要加入十二步驟計畫，或尋求成癮症專科醫生的幫助，並確保在進行本書練習前，已保持三個月沒有濫用物質。畢竟復原初期的妳會極度脆弱，也會感受到許多強烈、直接的情緒，也就是說，深入那段艱辛的童年回憶可能會讓妳重拾濫用物質的陋習。此外，假使妳曾經或正在與憂鬱症搏鬥，現在已有許多治療方法，妳必須知道自己並非孤軍奮戰。

我們會先處理與大腦有關的理性、認知層面問題，之後再進行心靈探索。任何一個健全的人，都得能同時**思考**及**感受**，我會幫助妳在兩者間取得平衡。如果妳沒有上段列出的情況，當然能獨自透過本書進行練習，其中對大多數人都很安全的是「溝通練習」，而且效果顯著。不過請記住，若想透過本書練習得到最大效益，仍需要專業人士從旁協助。

妳將在過程中處理許多激烈情緒，因此，在展開這趟練習旅程之前，請確定在艱困時有能拉妳一把的人。如果正在接受諮商或即將展開治療計畫，或許可以把此書帶

② 「十二步驟計畫」（12-step program）用於協助酒癮個案戒癮的方法，後加以推行，應用在各種成癮、強迫症狀或行為問題的治療處遇上。

去，並利用現場情境進行部分練習。尋求幫助絕非軟弱，而是力量的展現。另外也請記住，妳永遠能反覆重讀此書，並從中找到所需的指引、認可及情感支持。

如何尋找一位好的諮商師？

如果決定尋求諮商師協助，請確認對方曾處理過不健全家庭及相關創傷的個案，並能自在看待這些議題。若妳與母親的關係充滿痛苦與傷痕，諮商師必須不怕與妳一同潛入過往泥淖，好幫助妳在變得更為強壯、健全之後，走回現實。

假如在聽過妳的故事後，諮商師說出了以下任何一句話，請換一位諮商師：

- 一切都過去了，妳得學會放下。
- 我們現在處理此時此地的問題就好。
- 別對母親那麼嚴厲。她也有自己的問題要處理。
- 妳不該這樣一天到晚自憐自艾。
- 妳得原諒並遺忘，想辦法繼續過自己的生活。

因為這些評論帶有輕視意味，完全沒把妳的感受及經歷當一回事，如果與這種諮商師討論過去，只會增加妳的困惑及挫折感，甚至加劇早已存在的自責情緒（「我怎麼會這麼幼稚呢？」「為什麼我就是跨不過去？」）。找一位願意主動與妳合作、給予回饋並與妳互動的諮商師，而非只是坐在那裡說「嗯哼」或「妳對這件事有什麼感受？」的傢伙。相信妳的直覺。一旦與諮商師共處時沒有感到舒適、安全或被好好聆聽，對方就不是合適的人選。

慢慢來，不用急

在進行第二部的練習時，請務必對自己好一點，安排足以書寫、散步、思考及休息的額外時間。妳的情緒可能會在處理部分章節內容時被輕易觸動，或變得激烈，所以在能冷靜下來較為清晰、理性地思考之前，請不要做出任何重大決定。如果妳的感情關係出了問題，正猶豫是否該出手挽回，也希望妳先處理好與母親之間的問題，千萬不要匆促做出任何決定。

但要強調的是，妳的人生不會在讀完這些章節後立刻出現一百八十度的轉變，因為無愛母親留下的傷口不可能立刻痊癒；如果我告訴妳「會」就太不負責任了。但我可以保證，妳的痛苦與困惑，將會在使用這些療癒措施後減緩，幫助妳以全新的眼光，客觀地看待自己和母親。那份清明極端重要，不但能讓妳在面對母女關係時擁有做出健全決定的條件，也能藉此重建妳的人生。

第七章

了解真相的第一步

「我開始明白那不是我的錯。」

・明明想拒絕，卻總是答應母親的要求。
・妳誓言捍衛自己的權利，卻還是節節敗退。
・妳找不到往前走的方法，無法掌握自己的人生，也不知如何走出母親的陰影。

以上說詞全都不合邏輯。理智上，妳也明白還有其他的選擇。「我是成年人了，應該有辦法拒絕和母親午餐，而且不用被罪惡感淹沒。」妳告訴自己，「我把朋友的午餐之約改期就不覺得有問題呀！明明是這麼簡單的事，為什麼我就是做不到？」

其實是因為妳的反應已經被設定好了。女兒從母親那裡接收到的訊息，就像數千顆蒲公英種子，在妳心裡植入了面對自我及母女關係的錯誤信念。如果是一段健全的母女關係，妳所接受的訊息應該包括：關愛，以及幫助妳建立自信、好好成長並成為獨立個體的元素。

不過，實際情況往往相反。比起妳的需求，母親更在意自己的需求，而且光是應付自己的煩惱就分身乏術。我們常見到無愛母親將自己的傷人行為合理化，甚至將責任推到妳身上。我們也常見到女兒認為真是自己的錯，於是即便在成年後面對母親，仍會出現自我挫敗的行為模式。妳被一組缺陷訊息進行了錯誤設定，導致無法以自身最佳利益為前提行動，反而將母親的需求置於優先順位。

那些訊息不只以語言形式傳遞，還會透過母親對妳的作為及身體語言表達出來：嘆氣，不贊同地翻白眼，在妳順從時露出微笑，或在妳不順從時憤怒地保持沉默。這些來自她的指令及回饋無所不在，足以確保妳們之間的權力天平往她的方向傾斜，同時扭曲、限制了妳對自我認同、價值、優勢及生存定位的認知。就算成年後與母親保持距離，妳的人生樣貌仍奠基於早期由她做出的設定。因此，在轉換設定、改變母女關係，並重新了解自己及未來的可能性之前，妳必須先找出夾藏在那些訊息之內的謊言，才能一步步拆解原本自我挫敗的設定。

這正是本章一開始要做的事。

這項工程非常具有影響力，也非常累人，必須一步一步慢慢來。首先，我們會聚焦於母親針對孩子進行設定的運作過程，接著仔細檢視其中最容易處理的元素：妳的信念。

進行「設定」的基本原則：從「妳」變成「我」

當母親見到腳步蹣跚的孩子努力學習走路，於是臉上拉開微笑，一邊伸手幫忙，一邊說：「妳好棒！瞧瞧妳！妳在**走路**呢！妳已經是個小運動員了呀！」就在那一刻（以及之後數千個類似的時刻），許多訊息從母親傳遞向孩子，而孩子也全面接受：「媽媽有注意我在做什麼，也很關心。她愛我。我很棒。我正在走路。」

對於依賴父母才能存活的小孩而言，全能母親的微笑稱讚意義深重，於是，為了獲得類似的回饋，孩子會繼續做出足以使母親滿意的行為。相對而言，母親的嚴厲批判就嚇人多了，孩子會因此深信：「如果讓媽媽不開心，我大概就活不下去了。她可能會丟下我自力求生。」但無論母親傳遞的是正面或負面的訊息，孩子都會全盤接受，並據此建立對自己的核心認知。母親的「妳」，於是成為女兒的「我」。

所有孩子都是將訊息內化後，建立起最初也最深刻的自我信念。這些訊息多年來如同空氣般存在於我們身邊，我們本能地信以為真，從沒想到質疑其真偽。假如我們從小受到了各種稱讚及鼓勵，那當然很棒，因為能據此形成「我既強壯又有能力」、「我是一個好人」、「我很有毅力」及「我很可愛」等信念。所謂信念，就是人們看待自己時，堅信不疑的觀念、態度、期待和觀點，無論其中對錯。但無愛母親灌輸孩子的信念，卻充滿了謬誤又具有高度毀滅性。

許多讀者的母親常透過描述「妳」，來反映自己的不滿、批判和無助。「妳真自私。」「只有妳能把一切處理好。」「妳害我都不開心到病了。」一旦這些訊息被內化為信念，就不會只是安靜棲息於妳體內，反而會觸發許多痛苦感受。妳必須跟這些認定妳糟糕、粗心、自私又無能的信念對抗。妳會試圖與這些聲音爭論，但又擔心這些評論其實沒錯。假如沒錯又該怎麼辦呢？妳會努力證明自己不是這種人，但大多時候仍痛苦不堪。妳覺得傷心、憤怒、愧疚、尷尬、憂煩、羞愧、尖酸、叛逆、糟糕、認命……總之，全是傷人的情緒。

然後呢？這些痛苦感受開始讓人出現自我挫敗行為。若妳的自戀或控制狂母親讓妳覺得永遠不可能符合她（或任何人）的標準，這種錯誤信念會使妳失去安全感和自信心，甚至覺得低人一等又能力不足。此外，因為這些情緒，妳很可能在面對感情時設下過低標準，刻意不讓自己擁有成功的好關係，或者在遇到好的工作機會時退縮，然後說服自己，反正最想要的工作已經沒得到了，之後努不努力也沒差，何必逼迫自己去面對更多的羞恥與失望呢？妳的腦中有一個聲音告訴妳：「畢竟我永遠都不夠好。我毫無競爭力。」

那是誰的聲音？是妳母親的聲音。為了符合誰的利益？她的。自戀的母親不會明擺著告訴妳：「壓抑自己好讓我看起來比較體面。」控制狂母親也用不著說：「趕快透過妳的失敗來證明我是對的。」她所灌輸的設定早已在妳體內運作，就算人不在場也一樣。

當妳發現深陷類似自我挫敗的行為中，可以確定背後一定有個運作機制：錯誤信念，創造出痛苦的感受；而為了迴避或減緩痛苦，妳會下意識地選擇不健康的行為模式。

為了進一步解釋此機制如何運作，以下提供更詳細的例子。

・錯誤信念的運作機制

一、身為孩子，妳會吸收來自母親的訊息

打從妳還很小的時候，總是憂鬱的母親就告訴妳，「沒有妳真的不行。這個家是靠著妳才沒垮。妳真是為我奉獻的小天使。」只有當妳（才八歲）為全家煮飯時，她才會露出微笑；又或者她明明窩在房裡看電視，妳卻得幫她打電話給主管請病假，才能得到她的稱許。

二、妳會把早年接收到的訊息，轉譯為錯誤的信念

「只有我能讓母親快樂。我得透過『優良行為』讓她感覺好一點，也才能贏得她的愛，甚至包括為她說謊。如果她不快樂，那就是我的錯。我沒有權利做想做的事，也沒有抱怨的權利。我的工作就是照顧她。」

這些信念與妳及母親的權利、責任和認同相關，於是透過錯誤信念，妳開始追求不可能達成的目標。但真相是：妳不必為母親的幸福負責，也不可能治好她，只有她自己有辦法。妳永遠不可能成功。孩子不該透過「優良行為」來換取愛。妳本來就有權擁有童年和自己的人生，相信自己能放棄掉這兩者，一點也不合理，更別說是毫無怨言地放棄了。妳真正的工作是建立專屬於妳的人生，而母親的工作是從旁提供協助。但如果妳的信念完全呼應奠基於母親傳遞的訊息，而非基於理性真相，那妳此生的感受及行為都會染上錯誤信念的色彩。

三、錯誤信念，導致了痛苦的感受

妳想治好母親，但不可能成功，於是，無論兒時或成年後，妳都覺得自己無能、愧疚、缺損、糟糕又羞愧，畢竟根據設定，妳應該要能達成目標。妳可能也會覺得煩憂、怨恨，然後又因為心生怨恨而羞愧，並因為努力想撐起全家時錯過的童年生活，而感到難過。

四、為了緩解痛苦的感受，妳開始出現自我挫敗的行為

為了減輕痛苦的感受，妳可能會做出各種嘗試。若妳年紀還小，或許會覺得有義務花費大量時間，一次次地修補母親人生中不對勁的地方。透過**這項行為**，妳能證明自己是個好女兒，也證明自己值得被愛。妳開始擅長在不順利時假裝一切都好，而非求助，因為妳深信求助只會暴露自己的弱點、缺陷和無能。

就算長大之後，妳仍對母親的需求非常敏感，即便理性上知道沒有必要，或努力也沒什麼幫助，妳仍會百般不情願地嘗試符合她的期待。妳必須向自己、母親及整個世界證明，妳充滿競爭力、優秀，並且沒有重大缺陷，而其中最快、也最熟悉的方法，就是去回應她的所有需求。

人類行為非常複雜，我並不是說所有憂鬱母親的女兒都會經歷一模一樣的運作機制（錯誤信念導致痛苦的感受，再產生不符合自身利益的行為）。每個母親都有個體差異，女兒也一樣，但我可以肯定地說，只要追溯自我挫敗行為的根源，妳就會發現，在負面信念及其產生的感受之下，確實埋藏了一層層妳從未意識到的設定。

・信念與感受並非肉眼可見，但威力強大

一旦了解了信念、感受和行為的連結後，要打斷這個循環機制就簡單多了。確實，為了徹底改變女兒回應母親需求與期待的方式，挑戰內心的錯誤信念是關鍵的第一步，但實際做起來卻會受到幾個因素阻撓。首先，所謂信念，就是我們本質上信以為真的事實：地球是圓的，天空是藍的，我身為女兒的工作就是放下個人喜好，全心讓母親快樂。我們長期以來將許多錯誤信念視為「真相」，根本沒想過要去質疑，於是，信念成了現實，我們卻沒有意識到，那其實只是一面將視線染上顏色的濾鏡。

更常發生的情況是，我們甚至辨認不出最令人困擾的信念，更別說形塑我們行為的各

種痛苦感受。畢竟一切都藏在無意識中，相伴儲存的還有各種衝動、情緒、思想、本能需求、恐懼、記憶和既存經驗，並且在我們沒有意識到的情況下，發揮影響力。總結來說，這些潛伏在無意識中的元素令人太不舒適，於是我們學會眼不見為淨，以避免受到最噬人的羞恥、不安全感及恐懼所影響。

一旦稍微拉開布幕，露出隱於背後的內心世界，我們就會發現無意識的力量有多強大。就算妳有意識地嘗試尋找自我，活在當下，無意識卻仍驅策妳瘋狂地療癒過往傷痛。一次又一次，妳下意識地想找出「讓媽媽愛我」的正確道路，不只反覆執行早已被設定好的行為模式，還會刻意尋找童年曾面對的類似處境，希望在重演過往時，得到更好的結局。

於是，我們通常是透過無意識設定在選擇伴侶，設定自己被允許成功的程度，甚至限制自己足以擁有的人際關係及情緒幸福感的品質。

◎妳可能會在愛情中自我毀滅

【有意識的信念】我想要一個美好的伴侶。

【無意識的信念及感受】我根本不值得被愛或關注。我就是不夠好。誰會想要我呢？我沒辦法帶一個聰明、成功又深情的對象回家，媽媽不是會跟對方調情，就是把他撕成碎片。我不可能比她快樂。我不值得。

【自我挫敗行為】就算感興趣的人對自己示好，妳也不相信他是認真的，反而會挑選個性不合或不夠好的伴侶。妳變得習慣去拯救、照顧那些無法為自己好好負責的人，甚至排除身邊最棒的候選人，然後說服自己，「我是個實際的人。一開始目標不要訂得太高，才不會失望。」

◎妳可能會在職場上自我毀滅

【有意識的信念】我真的想成功。

【無意識的信念及感受】我不能表現得比母親亮眼。我永遠不可能成就些什麼。我總會找到一些方法毀滅自己，以符合媽媽對我的負面想像。她了解我的本質。我永遠都無法符合她的標準。我就是無能。

【自我挫敗行為】妳常遲到、工作做不完、找同事麻煩、做事拖拖拉拉、錯過工作截止日期、不遵從上司指示，或無法貫徹執行自己的想法。

◎妳可能會破壞自己的欲望

【有意識的信念】我喜歡讓其他人開心。我在意他們，是因為喜歡付出、照顧人的感覺。我們本來就應該互相照顧。

【無意識的信念及感受】只要放棄自己的需求，全心為別人付出，他們就會愛我、認可我。只要得到足夠的愛、認可和景仰，我就能彌補內心那種不好的自我感覺。

【自我挫敗行為】臉上總是掛著微笑，把不被人當一回事的怨憎埋藏心底。如果有人問妳對事物的喜好，妳只會說「我不知道」或「我不在乎」。妳會想盡辦法避免衝突。妳會忘記自己其實也有夢想。

情況很清楚了：假如現狀要有所改變，我們得把妳的「無意識設定」攤開來，好好檢視。

妳真正的信念是什麼？

妳會從母親身上接收訊息，再下意識地以此形塑信念。為了找出這些訊息，我們得從目前可見的細節，回溯源頭。因此，**我們先來檢視一些妳或許常從母親口中聽見的話語，或可能對妳產生暗示效果的行為**。請記住，妳的母親並不一定是透過言語傳達這些訊息，她可能只是在對妳不滿時表現出特定行為，而且至今仍是如此，舉例來說，只要她一對妳的行為不滿，就會嘟嘴或瞪妳。這些非口語的行為和口語一樣具有威力，所以**當妳一項項檢視以下的列表時，請同時回想母親當下的肢體動作，以及這些動作如何強化言語帶來的效果。**

【母親傳遞的訊息清單】

請在引起妳共鳴的項目前打個勾，如果想到其他項目，也可以直接加入清單中。妳的母親為了達成自己的目的，常會做出一些特定的表情、評論、要求，或搞出一些鬧劇，只要在腦中將以上一切重新播放一次，應該就能把清單遺漏的部分完全補上。

可能貶低妳的訊息：

- 妳好自私。
- 妳不懂寬恕。
- 妳一定有什麼毛病。
- 妳什麼都做不好。
- 妳不懂愛人。
- 妳只想到自己。
- 妳真讓我失望。
- 妳不可能有什麼成就。
- 都是因為妳，我的毛病才這麼多。

・妳不可能找到對象。
・妳永遠不可能像我一樣迷人、聰明、有成就或吸引人。
・妳的判斷力很差。
・沒人在意妳怎麼想。
・妳只是我的負擔。
・妳只會帶來麻煩，沒什麼價值可言。
・妳是家中所有問題／侵害／羞恥的根源。
・如果妳是一個更優秀的人，這些問題／侵害／羞恥就不會發生了。

自戀、好鬥、充滿控制欲或有虐待傾向的母親，可能會說出以上這些話。這類詞彙可能摧毀妳，母親卻能藉此推卸所有她本該扛起的責任，包括對人生的不滿，並因此感到無比強大。若妳在閱讀某個項目時感到熟悉，甚至腦中出現母親的聲音，或許這類指責早已在妳體內流動已久。為了解除這些訊息的影響力，辨識出這些訊息是關鍵的第一步。

逼妳扛起他人重擔的錯誤訊息：
・妳就是我人生的一切。
・妳是我人生中最美好的一部分。

・我不需要別人，只需要妳。
・只有妳在乎我。
・只有妳能讓這個家不至於分崩離析。
・我們好親密，必須向彼此分享一切，不能有祕密。
・妳是我最好的朋友。
・妳永遠是我的小女孩。
・我只能依靠妳了。
・我好需要妳。沒有妳，我什麼都做不到。
・我好愛妳，比起妳父親，我更在意妳。
・妳得幫我想清楚之後的人生該怎麼辦。

這組訊息跟之前不同，但具有同樣的毀滅力道。透過這些訊息，母親把自己及家中其他人的幸福重擔，直接放在妳的肩頭上。

這些訊息表面上看來誘人，但妳仍能看出其中的絕望及令人窒息的氣味。釋放出這些訊息的通常是過度糾纏的母親，或是因為失職而造成角色反轉的母親。

有關女兒角色定位及虧欠母親的錯誤訊息：

・妳有責任讓我快樂。

‧我的感受比妳重要。
‧妳身為女兒得想辦法贏得我的愛。
‧妳身為女兒就得照顧我。
‧妳身為女兒就得服從我。
‧妳身為女兒就得尊敬我，也就是照我的方法做事。
‧尊敬母親代表永遠不得對我不滿。
‧妳沒有質疑我或說我壞話的權利，畢竟是我給了妳生命。
‧妳沒有不同意的權利。
‧就算我背叛妳，妳身為女兒不該有意見。
‧妳身為女兒就該保持家中氣氛平和，不要鬧事或忤逆我。
‧妳身為女兒就該保守家族祕密。

除了教育妳尋找自我定位之外，透過這些訊息，母親也會教導妳作為女兒的角色定位，讓妳知道根據她的需求，妳被期待成為哪種人，又該如何定義自我。隨著女兒心智逐漸成熟，我們知道該由孩子掌控自己的命運，而非讓母親進行這類教育工作。畢竟她的設定強調的是妳對她的義務，而很少強調妳對自己的責任。

我們常被灌輸以上各種訊息，因而形成信念，再藉此構築大半人生。這些訊息形塑了我們一生得以自在揮灑的範圍，比如：允許自己擁有多少，又會因為做出哪些選擇而回頭懲罰自己。隨著檢視剛剛打勾及增添的項目，妳所看到的正是自我信念的全貌。

妳可能覺得自己是成年人了，當然有辦法客觀地說：「沒錯，我媽是說過那些話，但我知道那些都不是真的，而且我早就不受影響了。」但假如妳從未主動去質疑這些訊息，與母親的關係也仍然不好，那麼我幾乎可以確定，那些錯誤信念仍在掌控妳的生活。

最後，我得提醒妳，還有一組錯誤信念會特別對女兒的生活造成困擾：

- 但願媽能改變，我就能更喜歡自己。
- 但願她能了解曾經傷我多深，就能因此對我好一點。
- 雖然她對我很惡劣，但我知道她心底是為我好。是我自己反應過度了。

正是這種「但願」的信念，讓妳卡在一個永遠渴求完美幻覺的平行世界中。這種信念會讓妳變得被動、反動，永遠在等待母親改變，而非主動走上那條比較艱辛的道路：改變自己。

妳應該停止等待，妳應該重新開始掌握自己的人生。

・分辨謊言與真相

這些掌控妳人生的錯誤信念還有另一個名字：「**謊言**」。我希望妳們以正確名字稱呼這些信念，並感受一下，能在認知自我的議題上對自己說實話，是多麼令人滿足的一件事。

透過以下的「謊言與真相」練習，妳可以正面質疑那些錯誤信念。這項練習能極為有力地將真相送入妳的意識及無意識之中，其設計也足以強化妳的尊嚴、自尊和自信。妳一定會因此有茅塞頓開並獲得解放的感覺。

【謊言與真相練習】

◎第一部分

拿出一張紙，中間畫一條直線。左側頂端以粗體寫下「**謊言**」，右側頂端寫下「**真相**」。

在「**謊言**」**欄**，寫下記憶中母親曾對妳說過的謊話，尤其是真正傷害妳的那些話。

每個句子都以「妳」開頭（或許可以參考以上的錯誤訊息清單，確認沒有遺漏）。

接著針對左側的每個謊言，在右側寫下完全相反的真相，畢竟挑戰謊言的最佳方法，就是提供足以將其推翻的詳細證據。

為妳自己好好發言。妳所觀察到的自己才是真相，絕對比母親灌輸給妳的扭曲觀點更有實際效力。

就算現在妳無法完全相信**「真相」欄**的內容，但是，這些字句能為妳照亮未來的道路，妳會明白自己想成為哪一種人，或正在成為哪種人。

許多人能夠既輕鬆又享受地進行這項練習，但有很多女性長久以來接收了過多的負面批評，無法挑戰腦中的既定信念。假如妳發現自己卡住了，請想像眼前有一位朋友或摯愛的親人，如果對方也以謊言欄的內容描述她自己，妳會怎麼回應？妳會如何挑戰對方口中擺明在傷害她自己的狹隘觀點？假如有人這樣描述妳的女兒呢？比起捍衛自我，為他人辯解總是容易一些。

建議妳，在左、右欄各列出大約十個項目。「真相」欄的內容長度不限，想寫多長，就寫多長。

以下是我的個案針對這項練習寫下的部分內容：

謊　言	真　相
妳好自私。	我很大方、樂於付出，對他人體貼。
妳不懂寬恕。	如果對方能為自己的行為負起責任，進行補救，我非常樂於寬恕。
妳太敏感了。	我是一個易感的人，但也因此心胸更為開闊，更有辦法付出愛。
妳欠我一份尊重。	在一段健全的關係中，人們應該彼此尊重，而且必須不能違背我的良心與節操。
妳不是一個好女兒。	我是一個能讓任何人感到驕傲、喜悅的好女兒。
妳的工作就是讓我快樂。	我已經天殺的試過所有方法了，但永遠無法符合妳的期待，所以打算辭掉這份爛工作。
妳沒有我，根本活不下去。	看我現在過得多好。
我沒有妳活不下去。	妳得自己找出方法。我再也不想被愧疚及責任感控制。
妳必須以我的感受為重。	我之前一直都是以妳為重，但現在我擁有自己的家庭，必須以他們為重。
妳什麼都做不好。	妳只是在吃醋，受不了我的人生過得比妳好。
妳不夠優秀，做什麼都不會成功。	無論妳如何打壓，我都會成功。
妳得照顧我。	誰規定的？
都是妳害我喝酒／用藥／如此憂鬱。	妳要自我毀滅不是我的責任。妳得去尋求協助。
妳永遠都是我的小女孩。	我是一個有自己人生的成年人。我選擇自由而非令人窒息的人生。
沒人會像我一樣愛妳。	希望不是這樣囉。

◎第二部分

列完清單後，把左側的「謊言」欄裁剪下來，揉成一團，找個安全的地方，點火把它燒掉，在過程中大聲說：「我現在把母親對我說的謊言燒掉。我現在把心中錯誤的自我信念燒掉。我現在重拾真相與面對自我的良好感受。」

把燒完的灰拿去日常生活範圍以外的地方丟掉，不要隨意倒進垃圾桶或用馬桶沖掉。這些灰燼擁有強烈的負能量，能丟多遠就丟多遠。妳可以把灰燼埋入某片空地，或者倒進街上的大型垃圾箱。總之，不要留在妳的生活空間內。

◎第三部分

現在（這部分就有趣了），我希望妳去派對用品店買一顆氦氣氣球，把剩下那欄摺成幾個小區塊，每個區塊包含幾項真相，然後把紙綁在氣球線上，帶去妳喜歡的地方——沙灘、湖邊、漂亮的公園或附近山區，總之任何能讓妳感到平靜、開心且煥然一新的地方。一邊呼吸，一邊仔細感受環境：空氣的溫度如何？周遭的氣味、色彩及觸感如何？然後拿起氣球，一邊在腦中思考紙上列的真相內容，一邊把氣球放上天空，同時請記住，我合作過的其他女兒也曾放出綁有真相的氣球，而妳的氣球將成為其中一員。望著氣球飄上天空，同時感受妳內心的精神與力量也隨之提升。

第七章

了解真相的第一步

無論別人怎麼說，妳都比他人口中描述的更好、更聰明、更勇敢。請堅定帶著這份信念，投入接下來的練習。

第八章

承認內心囤積著痛苦感受

「說出來的感覺真好。」

我們已經仔細檢視了將母女關係推向毀滅模式的潛藏信念，現在，應該檢視由信念產生的感受，也就是讓妳出現自我挫敗行為的情緒伏流。

進行這項工作非常需要勇氣，妳必須願意深入內心世界，挖出這輩子累積至目前的所有痛苦、失望、恐懼與怒氣。勇敢承認這些感受存在，並將其拉到意識層面檢視，一開始會耗盡妳的心力，但得到解脫後，妳的人生再也不會相同。

我會在本章敞開診療室，邀請妳參與我引導許多女兒走出創傷的旅程。過程中，可能會出現非常激烈的情緒，因此，如果妳決定不靠諮商師的幫助，獨力進行本章練習，建議妳在開始之前，確認身邊有穩當的支援系統，也就是那些妳所信任足以安撫、慰問及鼓勵妳的人。即使只是在閱讀過程中覺得情緒激烈到難以忍受，也請立刻停止閱讀，休息一下，深呼吸，喝點水，散散步。以妳的步調進行即可，不用急。

正如我之前所說，妳或許會發現諮商能在過程中發揮良好效果。如果能找到一位好諮商師，對方的辦公室就是一個安全環境。妳能在裡面盡可能地深入探索內在情緒，並由此真正做出改變。

真相揭曉的時刻

我曾在諮商時用過許多輔助手段，發現「寫信」最能有效地直搗女兒與無愛母親的關係核心。透過一系列的信件，女兒可以完整地說出自己的想法與真實情感，不用怕遭受批判、挑戰或被他人中斷。我會要求這些女兒在初次會面結束後寫好第一封信，於第二次會面時讀給我聽，但不會真正寄出。將信件內容與信任的人分享是個重要儀式，不但能減輕寫信者的情緒負擔，也能讓寫信者明白，即便困難，但將真實感受大聲說出來能帶來強大的力量。

我的許多個案早已認真回顧過童年，也深信自己對過往傷痛有了深刻理解，但寫信總能進一步釐清她們的思緒。信件是非常私密的書寫形式，所以我通常要求盡量用手寫。許多個案選擇以電腦打字，但我深信握筆寫字能更深入寫信者內心，並在筆畫間將真相由指尖傳遞至手臂，再由手臂傳遞入心靈。

我為寫信規劃了既定的結構，好幫助女兒更容易深入探索過往的負面經驗，以及其中迴盪至今的苦痛。這封信包括四個部分：

一、這就是妳對我做的事。
二、我在當下的真實感受。
三、對我人生造成的影響。
四、現在我希望妳這麼做。

我會依序進行詳盡解釋，也會節選部分個案的信件內容作為範例，以幫助妳了解，透過這項看似簡單的練習，妳可能會挖掘出什麼樣的記憶、信念和情緒。

第一部分：這就是妳對我做的事

我的個案愛蜜莉有個冷淡、疏離的母親，她一輩子都在對抗被母親拒斥的感覺。當她知道要進行這項練習時，一度非常恐慌，但她實在想知道究竟自己為何老跟喬許那種若即若離的男人交往，所以保證會努力嘗試。（我們曾在第六章〈忽視、背叛或打擊孩子的母親〉，讀過愛蜜莉的故事。）

愛蜜莉說：「我不知道自己會寫出什麼。一方面覺得沒什麼新鮮事好說了，實在不用多談；但另一方面又覺得，能一次痛快地完整寫出來也不錯。」

我鼓勵她直接寫就是了。「當妳坐下來準備寫信時，請記住，這是屬於妳的時刻，」我告訴她，「妳可以說出真正發生的事，把長久以來在腦中盤旋的所有觀察、感受和想法全寫下來，妳可以藉此實際看到這些細節，也能開始與這些細節互動。然後妳會發現，所有自責、內疚和羞恥的心魔一旦被攤在陽光下，就愈來愈無法影響妳。」

痊癒的過程必須仰賴「這就是妳對我做的事」拉開序幕。這句陳述非常直接，不走溫和有禮路線，妳可能光是直視這句就覺得肚子被揍了一拳。我可以只說「這就是妳做的事」，但刻意加上「對我」二字，等於拿掉原本具有疏離效果的客觀視角。因為眼下討論的就是妳、我之間的問題，寫信者必須透過紙上文字承認這項現實，之後才能一步步擺脫錯誤信念，去看到、去接受真正發生在自己身上的事。

「妳母親的作為傷害了妳，」我告訴愛蜜莉。「妳必須說出來，就從這句大膽、誠實的控訴開始：這就是妳對我做的事。把妳的故事說出來，千萬別輕描淡寫。我不在乎內容多慘不忍睹，反正全寫下來。她的作為傷害了妳嗎？怎麼傷害？她如何貶低妳？跟她一起生活的童年究竟過得如何？妳之前怕她嗎？她把多少重擔、祕密和羞恥感堆到妳身上？

妳必須克服說這些話時感覺背叛母親的罪惡感，但我相信妳想改善人生的欲望足以克服恐懼。那些極度重要、傷人的事物之所以看起來沒什麼，是因為妳長久以來都在壓抑，因此，把所有『小事』寫出來。一旦過往在紙上落為文字，妳就能以全新觀點看待它們。」

愛蜜莉的眼睛睜得好大，但她還是點點頭，表示會試試看。

我知道許多女性因為童年遭受暴力相向，輕易就能了解母親確實做出了傷人的行為。**（我要再次強調，如果妳曾受虐，千萬不要在沒有諮商師的協助下面對過往創傷。）**相對於無愛母親的大部分作為，人們比較能辨認、描述母親的虐待或過度欺凌行為，但所有無愛母親所導致的痛苦與效應都很激烈，這些手段包括控制、批評、自戀的母親的打壓、情感遺棄，或逼迫女兒成為照護者。

‧「這就是妳對我做的事」實例

愛蜜莉在信中描繪了一幅栩栩如生的畫面：

「媽，妳真的很愛挑剔，我們之間沒有真正友善的交流。妳從來都不讓我握手，也不說愛我。妳曾說之所以生我，純粹是因為發現懷孕時，墮胎不合法。妳只有為了表演給別人看才會對我好。妳從不在乎我的感受、我過得好不好、我對什麼有興趣……我永遠無法成為妳期待中的樣子。有一次，妳問我，『如果起床時發現我不在，妳會怎麼做？』我知道妳希望我說：『我一定會受不了。我沒有妳會死。』但我當時只是個需要母親的害怕小女孩，腦中想到的答案只有：『那誰會來幫我煮飯？誰來帶我上學？』妳卻覺得這證明我只想到自己，不值得擁有妳的愛。

「稍微長大一點之後，妳從來不鼓勵我追求有興趣的事物。每次我沒拿到好成績，或無法跟喜歡的男生在一起，妳都說是我的錯，一定是我沒做好。」

讀到這裡，愛蜜莉沉默了一下。

她說：「我是不是太幼稚了？蘇珊。說出來的感覺真好，但我早該放下這些才對。」

我之前強調，寫信時絕對不能對曾經或當下的苦痛輕描淡寫。

「別擔心這樣做是『過度濫情的自憐自艾』，」我告訴她，「妳並不是在『可憐自己』，而是過了那麼久，妳也該允許自己哀悼那些錯過的美好。」

常有女性發現寫作有助於提取深藏的記憶。我的個案莎曼珊的母親是個高壓控制狂，莎曼珊在寫給母親的信中第一段，就無意間揭露了出乎意料的過去。莎曼珊是藥廠業務代表，有無法控制怒氣的問題。（我們曾在第四章〈控制狂母親〉談過她的遭遇。）她在寫信時，突然想起母親不只極有控制欲，還有施虐傾向。

節選自莎曼珊的信件：「媽，在我還很小、很脆弱的時候，妳對我做的事讓人太痛苦，所以我大多選擇遺忘。我記得妳曾在度假時毫無理由地搧我巴掌，我猜可能是不喜歡我吃義大利麵的方式吧。現在我又想起來了，有一次妳打我，我還因此吐血，好像還因此掉了一顆牙，而且還是乳牙，表示我當時年紀真的很小。」

當妳在寫信時想起類似回憶，我建議妳停筆尋求幫助。這類情況並不少見。許多回憶因為過於痛苦，妳會將其從意識埋藏至無意識，而書寫的動作之所以有價值，就是能將這些回憶重新勘挖出來。於是在過程中，儲藏室的大門可能會突然敞開，供妳窺見許多深藏已久的過往。

其中，也可能包含壓抑已久的怒氣。

莎曼珊的信件節錄：「我還記得坐在房間裡，想到妳不讓我參加中學的籃球冠軍賽，內心有多恨。真是狗屎！妳根本沒有理由阻止我！完全沒有！」

第二部分：我在當下的真實感受

當女兒在寫信時回顧過往，內心一定會無法避免地湧現強烈情緒，因此，信件的第二部分就是用來檢視：無論身為女孩或成年女性，當她們發現母親顯然無法或不願付出母愛時，內心究竟有什麼感受？

感受是心的語言，不是大腦的語言，通常可以用兩、三個字來總結。比如我覺得：傷心、狂怒、寂寞、恐慌、羞愧、無能、愚蠢、可笑、不被愛、驚恐、生氣、憂煩、疲倦、被困住、被欺凌、被操弄、被忽略、累壞了，或被看不起。又比如我從未覺得：有價值、聰明、安全、自在、快樂、重要、被愛、被珍惜，或被尊敬。

我們的想法和感受是完全不同的兩件事，但我之所以強調「感受」，是因為許多人習慣將感受理性化，好讓自己與其保持距離。這些人會用完整陳述句取代「我覺得」後面的形容詞，於是表達的不再是感受，而是思考過的結果或某些根深柢固的信念。

【感受】「我覺得不被愛。」

【想法】「我覺得妳不關心我。」

【感受】「妳要八歲的我在家負責煮飯和照顧手足，實在讓我覺得難以承受、迷惘又心懷怨恨。」

【想法】「妳要八歲的我在家負責煮飯和照顧手足……我覺得妳一定認為我很有責任感，但對一個小女孩而言，我覺得這個擔子太沉重了。」

‧「我在當下的真實感受」實例

對大多數女兒而言，詳實回憶母親對自己的作為會激起內心一連串情緒，而這部分練習的目的，就是幫助她們和這些感受相處一陣子，而非當作沒這回事。很多人在寫信時一下子就跳過情緒，開始描述想法，那也無妨。不過這項練習的目的，就是讓人不停地回頭談論感受。以下談到的愛蜜莉與莎曼珊都是很好的例子。我提醒愛蜜莉，「只要發現自己開始以陳述句取代感受的形容詞，請再回頭想一次：那件事讓妳有什麼感覺？」

愛蜜莉的信件節錄：「我覺得好孤單。我的心總是很痛。我覺得無助、沒人愛、沒人要、沒人理，而且憤怒。我覺得自己是個負擔，根本不該被生下來，也因此覺得傷心、內疚又孤單。妳一直是我人生苦難的來源。我一直覺得妳恨我，恨我出現在妳的生活裡，也因此覺得不被愛。我好恨這樣。」

莎曼珊寫道：「我在小時候覺得好無助、迷惘、困惑，而且非常、非常恐慌。不過年紀愈大，就愈因為妳對我做的事感到憤怒又羞恥。每次發現大家不知道妳有多暴力、殘酷，還說妳這人很善良、風趣又迷人，我就特別生氣。真的很討厭，因為有妳在的家總是死氣沉沉、令人沮喪，又嚇人。我覺得自己像個失敗者，也覺得必須保持低調，假裝一切都好。我覺得孤立無援。沒有人能真正走進我的世界。」

我告訴個案，寫信時要避免落入自我審查或完美主義的泥淖。妳寫這封信不是要參加寫作比賽，而是要找出並表達內心的真實情感。所有被牽動的感受都值得好好檢視，某些情緒甚至會強烈到讓妳吃驚，但如果超過可以承受的範圍，千萬不要逼自己立刻處理，慢慢來就好。不過，一定要態度真誠，並盡可能地將所有的情緒辨識出來。一旦能夠指認、命名並面對那些掌控妳多年的心魔，就能削弱它們的力量。寫信能幫助妳透過文句，逐步解除它們的武裝。

第三部分：對我人生造成的影響

這可能是信中最重要的部分。我們必須找出兒時經驗與人生重大選擇之間的連結。在本書中，我們讀到了許多女兒在成年後毫無自覺地重演童年困境，所以得幫助她們意識到兩者的關聯。每當我想到童年創傷與成年困境之間的連結，腦中都會浮現一條來自過去的粗重繩索，許多女兒被這條繩索綁住，無法全力爭取自己應得的愛、自信、信任及幸福。但透過有意識地努力，便能夠削弱連結的力量。這封信的每一部分都在嘗試一刀一刀地割斷繩索。

書寫這部分時，妳需要花時間好好思考。我給個案的寫作指導如下：

描述妳因為母親學到的負面（甚至有害的）教訓，並解釋它們是如何影響妳的私人、職場及心靈生活。妳跟母親的互動經驗，如何影響了妳的自我定位？如何影響了妳的自我價值與尊嚴？透過這些教訓，妳怎麼知道可以信任誰？妳對愛了解多少？想想妳所做出的自我挫敗選擇，幕後推手是否就是那些負面教訓？

透過這項練習，妳能為過往及現在，找出至關重要的因果關係。

．「對我人生造成的影響」實例

我的許多個案都擔心信寫得太長，在會面時讀出來會花掉太多時間，但其實就算寫了十頁，以單行間距行文，讀出來也只會花上五分多鐘。愛蜜莉剛開始對寫信抱持疑慮，但一寫就停不下來，她和內心那個小女孩有太多被母親忽視的痛苦，需要全部宣洩出來。愛蜜莉寫給母親的信長達九頁，光是「對我人生造成的影響」就占據將近一半。以下是她寫的部分內容：

「我總是個邊緣人，像站在遊樂場邊緣的小女孩，從不覺得有資格跟別人一起玩，只覺得迷失、破碎又孤單。沒有人會為她挺身而出，沒有人站在她這邊。」

「我好需要肢體接觸，好需要被需要。我老是陷入不健康的戀情，又恨自己這樣。我把性誤以為愛，總是吸引到軟弱的男人、情緒化的男孩，或者永遠拒絕長大的青少年。他們通常自尊心低落，對未來毫無野心可言，我卻總認為能改變他們……

「我總在想：別人想要什麼？他們在想什麼？我該做些什麼或說些什麼才能讓他們開心？我老把自己的需求放在別人之後，最後累到氣力盡失……我不知道該怎麼做個成年人。我的基礎沒打好，又沒有足以學習的楷模，也完全不知如何設定個體界線。我好怕別人知道我是由一個冷淡又不穩定的人養大，並因此認定我也是個不穩定的人。」

透過這個部分，我們推翻了「妳的童年困境早已是過去」的論述，也讓妳知道「過好現在的生活即可」不是個有效的建議。許多女兒都跟愛蜜莉一樣，發現自己開始在信中描述看似無關緊要的小事，意識到內在設定造成的影響，以及這些設定如何迫使她們在成年後，不停地重演不快樂的童年經驗。妳的腦中有條扭曲旋律不停跳針，即便角色或場景改變，妳仍被迫不停地跳著同樣的扭曲舞步。這些女兒幼時總想從無愛母親身上獲取愛，卻一次次失敗，於是長大後，她們總是迫切想證明：我也值得擁有親密、尊重與關愛。

隨著書寫進行，每個女兒都能清楚地看到自己是如何落入這類內在行為模式。

以下是莎曼珊信中的一個段落：「妳真的很常對我大吼，害我變得不敢談論自己的需求，也很怕對他人做出要求。我不覺得自己有權這麼做。我老是渴求別人的認同。我習慣把一切都看得太認真，腦中總是堆滿各種麻煩，根本無法活在當下，享受當下。我的人生變得跟妳一樣無聊、嚴肅⋯⋯

「我很難抗拒妳的要求。每次只要照自己的心意做事，或是做了妳不認同的決定，我都會有罪惡感。我很氣自己沒有早幾年要妳放過我。好像有條隱形的線把我們綁在一起，就是不讓我過想過的生活。」

如果有個案不知如何進行這個部分，我通常會這麼建議：母親把許多觸角探入了妳的生活，因為這些觸角，不管妳再怎麼努力也無法離開她，所以我們得持續找出這些觸角。這項工作並不容易，因為妳得將過往回憶一股腦地倒在眼前，那個場面確實有點嚇人。但請記住，妳不用在書寫時將所有細節重新回味一遍。我們只是透過回顧，撿回遺失的記憶。

第四部分：現在我希望妳這麼做

在信件的前三個部分，我們希望女兒詳細說出母親的無愛行為，以及伴隨而來的深遠傷害。其中，不但記錄了母親過去及現在對女兒造成的影響，也詳盡指出了她在女兒生命中掌握的權力所在。

不過，在「現在我希望妳這麼做」的部分中，母女權力關係有所改變。透過這句陳述，女兒成為足以掌握自己人生的成年人。畢竟這些女兒早已脫離童年，不再需要無助地仰賴母親，而面對曾經深刻傷害自己的人，將要求化為言語正是重獲力量的開始。

許多女兒還不確定希望母親做什麼，也不確定母女關係該如何繼續（甚至是否還要繼續）。但在寫信的此刻都無妨。這只是第一步，以後還有很多時間仔細檢視各種選項，也可能在深思熟慮後，做出不同的決定。一切都還不是定案，妳隨時可以改變心意。

針對這個部分，我給個案的指示很簡單：想到什麼就說什麼，盡量直接、誠懇地表達出自己的喜好，然後體驗一下這種感覺。一開始妳可能會害怕，我也很清楚，許多女兒從不允許自己考慮改變母女關係的可能性，因為覺得自己沒有這種權利。但現在該是調整母女關係天平的時候了。

我總是提醒這些女兒，別管母親怎麼教妳，也別管那些諄諄教誨妳「孝敬母親」的親友，妳有權決定自己要什麼。我會要求個案先以天空為界，想像世間一切皆有可能，然後回答這個問題：妳最希望母親做什麼？妳不需要事先擬定計畫或對策，總之，第一步就是找出心底深層的渴望，但同時明白這項渴望會隨時間改變或進化。妳一直以來渴求的是什麼？我問她們。什麼能夠真正讓妳感覺自由？

這些女兒需要的可能是一聲抱歉，也可能一無所求。妳可能希望母親別再干涉妳的生活，或者希望別再被捲入她的生活。總之我會告訴個案：選擇權在妳們手上。

・「現在我希望妳這麼做」實例

許多女兒會在一開始進行這部分時遇到困難，但我的所有個案都有辦法大致描繪出一些要求、想望或需求。以下是一些例子。

◎寫給一位過度黏人又糾纏的母親

「現在我希望妳做到的是，關於我們適合談論什麼話題，以及何時見面，我都有發言的權利。最重要的是，我必須能過一個正常成年人的生活，不然就得中止我倆的關係，而那會是件令人傷心、難熬的事。」

◎寫給一位好鬥又自戀的母親

「多年來，我一直以為我需要妳的認可，或者只要妳改變，我們就能擁有一段健康的母女關係。但神奇的是，今天的我完全不想從妳身上得到什麼。我只想過我的生活。今天的我喜歡自己，而且正跟一位諮商師合作，努力想讓自己覺得踏實、完整、能夠付出愛，而且是個有價值的人。我的人生中沒有留給妳的位置了。我也在努力重建和手足之間的關係，如果讓妳回來，一切只會再次毀掉。我希望我們的關係不用走到這步，也真的努力過了，但除非妳願意主動修復我們之間的關係，不然，我也只能接受母女之路到此為止。我知道擁有親密的家庭和慈愛的雙親只是一場幻想，我放棄了，現在打算把愛與關注投注在自己身上，行有餘力時再試著愛世界。」

◎寫給一位冷淡又孤僻的母親

「現在我希望從妳身上得到什麼？什麼都沒有。完全沒有。」

◎寫給一位酗酒的母親

「現在我最希望妳做到的就是：讓我過我自己的生活。別來煩我了。去交朋友、培養嗜好，想做什麼就去做。想要待在房間裡憂鬱一整天也行。把自己喝到爛醉也行。我不在乎。只要別打電話給我或試著找我就好。這三十八年來，我努力在不與妳斷絕往來的前提下過好自己的生活，但就是行不通。妳就是無法停止喝酒，就是要一直講傷人的話。既然妳掌控不了自己，那就滾出我的生活，讓我用自己覺得舒服的方式過日子。滾出我的心，滾出我的腦子，就去過妳自己想過的生活吧！」

◎寫給一位愛挑剔的控制狂母親

「媽，我希望妳明白，妳曾讓一個毫無防備的小孩活在巨大的恐懼中，也讓我的靈魂出現許多難以修復的傷口。我真的希望妳能為了過往作為向我道歉，勇敢承認自己就是個懦弱的人。我希望妳能明白我現在之所以既堅強又成功，不是妳的功勞，而是儘管有妳，我還是撐過來了。我要妳知道我不會再尋求妳的認可了。無論妳喜不喜歡，我都要照自己的方法做事。」

我常會提醒個案注意措辭，任何尋求允許或認可的修辭，都是在將權力拱手讓人。注意前段寫給酗酒母親的信，其中寫道：「讓我過我自己的生活。」這說法看似無害又常見，但我特別向她指出，**「讓我」**二字使母親成為她人生的獄卒，還把解鎖的鑰匙交到她手上。更好的說法是：「我打算照我的意思過生活……不在乎妳允許與否。」光是微小調整，就能做出巨大改變。

將文字化為聲音，能帶來力量

寫信練習能將過往的記憶與感受一股腦地掀出來，以供妳仔細檢視。不過，即便書寫過程本身就很療癒，卻只占總成效的百分之五十，妳得將內容大聲讀出來才能完成剩下的百分之五十。妳必須讓文字化為聲音迴盪在空氣中，才能真正聽到自己的聲音及真實的情緒。

朗讀的另一個重要面向，在於與他人分享妳對生命的真實感受，以及渴求改變的欲望。因此，對方聆聽時不能帶有批判、輕蔑或懷疑的心態。諮商師當然是首選，但關愛妳的另一半也能提供幫助。最重要的是，現場聆聽及參與的人都得擁有同情心。由此，透過閱讀及聆聽的過程，妳才能大步向前，重新取回孩提時身為女兒被奪走的一切。

第九章

從憤怒與哀痛中汲取智慧

「我準備好面對那些壓抑已久的感受。」

在寫信給母親時，因為一次攤開了許多過去發生的真相與感受，不少女兒心中都會湧現強烈情緒，也因此頓悟出不少新見解。許多諮商師相信找出這些見解就是治療的目標，只要經歷過「啊哈，原來如此」的時刻，個案就能立刻卸下心頭重擔，並做出改變。但不幸的是，現實可沒那麼簡單。若想真正驅散過往的心魔，我們得進一步探索遍布荊棘的情緒領地。

對母親說出真實感受時，許多女兒會被一種綜合了哀傷與憤怒的情緒困住，或至少出現其中一種情緒。有些女性始終無法擺脫不適任母親帶來的巨大傷痛，久了甚至成為憂傷專家。她們常告訴我，在寫信過程中，意識到那個本該珍惜、保護自己的女人，竟如此吝於付出愛，那種痛苦總讓她們好幾次落下淚來。

另外還有些女兒光想到母親只在乎自我需求，因而惡待自己，還奪去自己本該擁有的快樂與安全感，便生氣到甚至狂怒的地步。

面對分屬母親及女兒兩陣營的女人，我想指出的是，雖然憤怒與哀痛看似不同，卻是一枚硬幣的兩面，如果妳擁有其中一種情緒，通常內心也潛藏著另一種。若想痊癒，我們就得同時借助這兩種情緒的神奇力量。假使女兒想基於個人需求建立人生，而非母親的需求，就得將憤怒的火焰結合哀傷展現的脆弱，創造出一種新的堅韌力量。我會在本章與個案合作處理這個議題。

無愛母親的女兒，長久以來受到內疚與羞恥所苦，她們總以為被母親惡待是自己的錯，而為了理解憤怒與哀痛這兩種情緒，首先，我們得中和這類內疚與羞恥感。在本章中，我會示範如何卸下女兒肩上不必要的罪咎感，以及那餵養它們的錯誤信念。

如果妳覺得自己夠堅強，可以獨自進行以下的練習，請切記，儘管憤怒和哀痛的感受很強烈，妳還是有掌控它們的能力。以自己的節奏進行下列的技巧與練習，只要感覺有點脆弱，就立刻停止。妳還有很多時間可以慢慢熟習這些技巧。

找出藏在哀痛背後的憤怒

艾莉森之所以來找我，是發現自己又迷上那種「需要被幫助」的男人，對方也順水推舟地利用了她習慣拯救他人的習性。我們追溯這項習性的源頭，發現從小因為母親總是憂鬱，她在角色反轉的情況下，被訓練成了照顧者。（我們曾在第五章〈需要母愛的母親〉討論過她的故事。）

根據她的信件，我們能詳盡看到她從很小就被迫撐起整個家，母親極為依賴她，信中也描述為了確保一切不致分崩離析，她是如何壓抑自己的感受，並因而付出了多大的代價。

艾莉森把整封信讀完時已淚流滿面。

「我覺得好累。沒想到小時候竟然得做這麼多事，」她告訴我，「對一個小女孩而言，這種壓力實在太大了。」

「我知道，艾莉森，」我在她抹去淚水時，開口說：「妳確實提了許多令人難過的事。」我們沉默地對坐了一會兒。然後我請她回想，在讀信時，是否有出現其他的情緒。

艾莉森說：「沒有太多其他的情緒。不算有……我只是好累、好傷心。好想抱起信裡那個小女孩，**拯救**她，好讓她不再需要照顧任何人。」

我說：「我想她一定會因此鬆一口氣。在妳的信中，她確實因為必須做太多事而沮喪。現在，我們來看信件的另一部分，『我在當下的真實感受』，裡面寫了不少。」

艾莉森的眼神掃過信件內容。「比我以為的還多……我覺得孤單……傷心……有時候真的好怨我媽，甚至恨她，然後又為此感到內疚。此外，當我被迫放棄許多活動，留在家裡處理一切時，我又會覺得非常、非常生氣。」

許多女兒能在信件書寫時清楚表達感受，讓被壓抑的感受重新浮現，我總是對此感到驚嘆。這些信件就像地圖，足以讓外人理解她們的內心世界。

「我想這些感受可能還留在妳心裡，」我告訴艾莉森，「感受不會憑空消失。如果能再次檢視，想辦法發洩出來，可以釋放掉很多壓力。」

我問她，如果給她一次發怒的機會，她會怎麼做？她的答案完全在預料之中。

艾莉森說：「我不知道……可能真的會失控吧，整個人看起來很歹毒，毫無尊嚴可言。我不知道一旦發火還有沒有辦法冷靜下來，或許一輩子都冷靜不下來吧！沒有人喜歡總是怒氣沖沖的女人。」

許多女人誤以為憤怒是種危險又難以控制的力量，但其實就像儀表板上的警示紅燈一樣，憤怒是提醒妳情況出錯且需要改變的重要信號。每當妳被羞辱、占便宜、需求沒得到照顧，或者尊嚴被踐踏，這個警示燈就會亮起。健康的反應是停下來自問：發生什麼事了？哪裡不對勁？有什麼需要改變？

但艾莉森這類女兒早已習慣假裝怒氣不存在，就像拿膠帶把警示燈貼起來後。眼不見為淨。我們的情緒智力明明有運作，卻不被當一回事，導致生活中的重要事物崩解——通常是我們的個體界線與自尊。

如果妳和艾莉森一樣習慣壓抑怒氣，大概也會熟悉以下的情況：

- 妳向環境妥協，將蒸騰怒氣化為自我認同的一部分，於是妳成為心懷怨恨的殉道者，那個永遠在家裡和職場受苦的人。
- 妳可能以食物、藥物或酒精，針對怒氣進行「自我治療」。
- 妳的怒氣向內累積，變成生理或憂鬱問題。
- 妳的需求始終沒有得到照顧，權利與尊嚴也受到忽略。

艾莉森現在該處理自己害怕激烈情緒的問題，將她所恐懼的怒氣從大腦與身體中釋放出來，才能讓怒氣發揮應有的效果。

我把一張空椅子放在她面前，請她想像母親就坐在那裡。我說：

「閉上眼睛，想像母親最無助、逼人、又黏人的模樣。回想妳信中描寫的母親的傷人及無愛行為。現在的妳很安全，別擔心。現在不要壓抑怒氣，統統釋放出來。

「首先，以『妳怎麼可以』作為句子開頭，後面說出所有使妳童年扭曲的痛苦經驗。妳曾是個無能為力的孩子，現在是個挫敗的成年人，讓這兩個人說話，讓他們表達自己的看法。」

艾莉森語氣遲疑地說：「妳怎麼可以讓一個小女孩照顧全家人？妳怎麼可以要求一個小孩子煮飯、打掃、照顧手足，甚至為了妳放棄童年？」

她的聲音逐漸變得有力。我說她做得很好，也鼓勵她講下去。

「妳怎麼可以把我捲入妳和爸的病態、扭曲遊戲中？妳怎麼可以把我當成妳的個人諮商師？我總要負責當和事佬，但只要妳一跟他和好，就立刻過河拆橋！」她的音量現在更大了。「妳怎麼可以奪走我的幸福？妳怎麼可以讓我明知不可能，卻覺得必須取悅妳？妳怎麼可以因為我無法導正妳的人生，就讓我覺得自己是個失敗者？那不是我的工作！妳應該要幫我才對。妳怎麼可以把我變成愛討好又只會吸引軟弱男人的女人？妳怎麼可以！」

她突然停住，一臉震驚。我問她有什麼感覺。

她說：「比較不像受害者了，好像也更強壯了。」

怒氣讓艾莉森的理智變得更加清明又篤定。透過每一句「妳怎麼可以！」她都讓怒氣成為自我整體不可或缺的一部分，也藉此表達出多年來的傷痛與挫敗。此刻的她，至少能鼓起勇氣面對怒氣，而不只是當作沒這回事。

「別忘記那種感覺，」我告訴她，「這些怒氣都有能量，一旦妳將能量釋放出來，就更能確定哪些事物對妳有害，當然也就不用再繼續忍受。請記住，就算妳表達怒氣，就算妳大吼，世界也不會因此毀滅。妳必須有辦法感覺情緒的熱度，並習慣以安全方式發洩出來，就像剛剛那樣。一旦妳把積壓已久的怨氣說出來，或者說出早已想說的話，妳就會覺得輕鬆很多。這種減壓過程能讓妳活得比較輕盈。」

當這些女兒學會表達怒氣，聆聽其中的珍貴訊號，也就掌握了內在情緒引導系統（emotional guidance system）極為重要的一部分。

夾纏於怒氣中的傷痛

表面上看來，莎曼珊和艾莉森是完全相反的類型。針對殘暴的控制狂母親，她在讀信時恣意表達了激烈怒氣，就連最後一句話幾乎都是用吼的，「無論妳喜不喜歡，我都會照自己的心意做事！」

「讀完的感覺很好，真不知道該如何形容。雖然只是一封信，但我終於反抗她了。」

她在讀完信後告訴我。「我在寫信時反覆閱讀筆下每一個字，覺得真能透過這封信，徹底改變我跟她的關係。」

我認同她的說法。透過說出真實感受，她終於能看到、感受到自己擁有力量，而且不再是個四歲小女孩。

「我真的有注意到妳在信裡描述的小女孩好痛苦、好卑微，」我告訴她，「那些感受去哪裡了呢？那個小女孩後來怎麼了呢？」

莎曼珊說：「我不知道……應該長大之後就變成我了吧。」

我告訴她，童年時的感受仍潛藏於長大後的莎曼珊心底，並沒有隨著年齡增長而緩解。多年來的卑微與痛苦不可能無端消失。那個受傷的孩子仍以一股能量的形式，活在許多女兒心中，而且還是害怕受傷。我告訴莎曼珊，她之所以會在職場上失控發怒，而且變得愈來愈易怒，都證實了那個小女孩依然存在。人們通常靠暴怒來抵禦極度脆弱的自我。

「我忘不掉妳在信中提到的一件事，」我告訴她，「妳告訴母親：『好像有條隱形的線把我們綁在一起，就是不讓我過想過的生活。』妳兒時的感受就是那條線，總是讓妳在最出乎意料的時刻，做出傷害自己的行為。」

莎曼珊問：「那我該怎麼辦？」

我說：「讓我們花點時間安慰妳心中的小女孩。她必須知道自己安全了，沒有人會再傷害她。一旦她有了安全感，妳也會有安全感。我要妳想像那個小女孩坐在妳大腿上，想像妳抱著她。她很難受，需要妳的安慰。每當妳被母親打或霸凌時，妳會希望聽到別人對妳說些什麼呢？現在把那些話告訴她。就從『親愛的，我很遺憾在妳身上發生了這些糟糕的事……』開始。」

莎曼珊說：「親愛的……我很遺憾在妳身上發生了這些糟糕的事。我很遺憾媽對妳這麼惡毒。」

她停了下來，看著我。「這真的很難，我不知道該說什麼……我覺得很不自在。」

我告訴她，這種反應很正常。這些感受讓她覺得既軟弱又脆弱，所以多年來才會一直抗拒。現在她撤下這道防禦牆，當然更覺得缺乏保護。我溫柔鼓勵她講下去，這次請她想像要是領養了一個曾遭受母親惡待的小女孩，她會說什麼？

我說：「妳是個甜美、可愛的小女孩，妳什麼都沒做錯。」

莎曼珊說：「好……這樣我比較說得出口。妳是個甜美、可愛的小女孩，妳什麼都沒做錯……我希望妳知道，我會好好照顧妳……不會讓任何人傷害妳、嚇唬妳，或毫無理由地用惡毒的手段懲罰妳……妳現在安全了。妳現在有個好媽咪……妳可以好好當個小女孩，再也不用害怕了。」

她再次停下來，看著我。

「為什麼我媽無法對我說這些呢？蘇珊。為什麼她不能那樣愛我？老天，蘇珊，我想她可能從未愛過我。她要是愛我，就不可能做出那些事……那不是愛妳的人會有的行為……」

她的雙眼湧現淚水。

「根據妳告訴我的故事，妳媽恐怕真的不愛妳，」我說：「愛妳的人不會讓妳覺得驚恐、迷失或孤單，不會毫無理由地懲罰妳，也不會在妳表現得像個一般孩子時出言斥責。妳說得沒錯，莎曼珊，妳所描述的那一切確實不是愛。」

莎曼珊淚眼婆娑。「妳說我該安慰心中的那個小女孩，蘇珊，但現在我真的不知道該說些什麼……我覺得好傷心，覺得被徹底遺棄了……不知道是否有辦法繼續下去。」

我說：「莎曼珊，我知道這過程很痛苦。發現母親無法愛自己是人生最傷人的領悟之一。妳值得被珍惜，但妳母親不夠穩定，也不快樂，所以把內心的挫折發洩在妳身上。但那不是妳的錯，也不是小莎曼珊的錯，她是無辜的。妳所做的一切都不可能讓母親更愛妳。她就是做不到。我們也無法得知原因。但可以確定的是：跟妳沒有關係，也不是妳的錯。我要妳跟著說一遍，莎曼珊：『那不是我的錯。』」

莎曼珊：「那不是我的錯。」

她仍在啜泣，我握住她的手。

「再說一次，大聲一點。」我告訴她。

莎曼珊（聲音比較有力了）：「那不是我的錯。」

蘇珊：「大聲一點，妳得說服我。」

莎曼珊（大吼）：「那不是我的錯！」她用力深呼吸，然後看著我。「蘇珊，**那不是我的錯。**」

一直都不是妳的錯

如果女兒想重新掌握自己的人生，首先要反駁的謊言就是：「一切都是我的錯。」她們常因這樣的信念而深感罪惡，也相信自己之所以遭受母親惡待，又得不到母親的愛，全都是自己的責任。假使我們進一步談，這更是羞恥感的根源，「一定是我有什麼毛病，媽媽才會這樣對我。」

許多女兒長年被植入了這項設定，在經歷過母親甩巴掌、哀嘆、批評、指責或吼叫，女兒最後深信自己得為母親的選擇、感受和對待自己的行為負責，此信念的力量之強，足以鞏固具有毀滅性的母女關係長年不變。只要女兒仍因為「害」母親出現無愛行為而內疚及羞恥，就不可能去挑戰這些行為，也不可能捍衛自己的權利，更別提好好感受隨之產生的憤怒與傷痛。她們接收到各種謊言：她們很壞、自私、做什麼都不對、有缺陷，因此無權擁有自己的感受，也不可能不顧母親的需求，純粹根據自我判斷而行動。「一切都是我的錯」不但是個巨大的謊言，還會使母親說的其他謊言更顯真實（也就是我的個案在「謊言與真相練習」中挑戰的那些謊言）。

我們必須挑戰這個謊言，直到它再也無法造成影響，此時作為女兒才能生平第一次真正感到自由，也才能愛自己，接受自己。

莎曼珊說的話具有巨大的力量：「我媽沒辦法愛我，但那不是我的錯。」個案通常必須重複說上好幾次，直到內心真正相信後，才有辦法迎接解脫。大聲說出真實感受看似是個簡單儀式，但效果確實非常深刻。

我建議莎曼珊進一步地把小女孩無須負責的過往事件一一說出來。

「這麼做的療癒及撫慰效果非常好，」我告訴她，「如果想把小莎曼珊從長年背負的內疚與羞恥中解放出來，我們還有好一段路得走。」

莎曼珊說：「好……甜心，我知道媽總是說妳很壞，說妳就是活該被打、被處罰、被她吼罵。她說一切都是妳的錯，但她錯了。妳是一個美好、聰明的小女孩，就算被搧巴掌或毆打也不是妳的責任。妳沒做過任何該被打斷牙齒的事。她不准妳去參加籃球冠軍賽，也不是妳的問題。妳根本不該被如此對待。她的殘酷不是妳的責任。她對妳的學業及成績過度執著也不是妳的責任。妳是個聰明的小女孩。她不該把妳當成一個懶惰、愚笨的小孩對待。媽的瘋狂不是妳的責任，是她的責任，跟妳毫無關係。」

當個案想像眼前出現小時候的自己，並憶起兒時面對的重擔與無愛行為，接受事實會變得比較容易：孩子沒有錯，成年後的自己也沒有錯。無論導致虐待、惡待、角色反轉和令人窒息的行為根源為何，總之都只跟母親有關，和孩子無關。

一旦莎曼珊開始擁抱這項認知，也能愈來愈篤定地相信後，許多情緒開始重新浮現。我問她有什麼感覺。

她說：「覺得一直以來都被蒙騙了，好憤怒……但主要還是非常、非常地悲傷。不，不只是悲傷而已，感覺像是有人死了一樣。」

莎曼珊開始哀傷地啜泣，這份哀傷幫助她打從心底接受此刻顯而易見的事實。她再也不能幻想母親的無愛行為中有愛，但也不再需要對母親的惡行負責，該負責的是她母親。世界彷彿有了一百八十度的改變。

任何人走到這一步，都得為曾經失去的一切好好哀悼一番。大部分無愛母親的女兒都沒有童年可言，因為母親根本不給她們機會。

我對莎曼珊細數她失去的一切：

「妳失去了可以傻氣嬉鬧的權利。

「妳不知道身為一個無憂無慮的孩子可以多麼快樂。妳從四歲、十四歲或以後到四十歲，始終都背負著成年人的擔子。

「妳從未體驗足以滋養內在安全感的可預測性及一致性。

「妳幾乎沒機會體會自在和能夠信任他人的感覺。

「妳總是渴望被認可，妳母親卻沒讓妳知道真相：妳獨特又美好，這輩子唯一的工作就是做自己。

「這些認知早已潛藏在妳的下意識中，其實妳大多時候都隱約明白，」我告訴她，「只是現在終於直接攤在陽光底下，妳終於能全心全意擁抱它們了。」

之前的莎曼珊總是充滿防備心，日子過得如履薄冰，因此幾乎斷絕跟他人的聯繫，也放棄了那些柔軟或充滿愛意的情緒感受。但我向她保證，那些感受還在，而且與此刻她所感受的痛苦正是一體兩面。

・終結「好母親」的幻想

此刻的莎曼珊易感如同驚弓之鳥，我建議她做一些練習，幫助平復情緒。這項練習是讓個案透過象徵儀式，埋葬過往曾困住自己的幻覺。莎曼珊就跟許多缺乏母愛的女兒一樣，她們老在索求母愛，但總是追不上母親的腳步。

「妳願意嘗試看看嗎？」

莎曼珊微笑說：「好呀，情況不可能再更糟了吧。既然都走到了這步，就試試看吧！」

我拿起為了這個儀式在辦公室準備的一小束乾燥花，放上咖啡桌。

「想像這張桌子是一副棺材，」我說。

她聽見「棺材」二字顯得有點緊張，但我保證一切只是象徵性的意象。

「現在，想像棺材正被降到墓穴中，我們要埋葬妳腦中的『好母親』幻想。我現在告訴妳棺材上的悼詞寫些什麼，妳也可以隨時補充。」

「好。」莎曼珊說。

為了引導她進行，我先開口，「我在此埋葬對於『好母親』的幻想。這件事根本不可能。以前從未實現，我很清楚以後也不可能成真，而且不是我的錯。」

莎曼珊說：「我想盡辦法讓她愛我，但都沒用……」

「我不想再以為靠著熱臉貼冷屁股就能得到愛。」我接著說。

莎曼珊說：「接下來的人生，我不想再為了取悅她而扭曲自己，也不想再把她施捨的一點好意當作愛。放下妳並不容易，但安息吧，我的幻想。我得好好地繼續過自己的人生。」

莎曼珊閉眼坐著，用手背抹去淚水。我問她現在有什麼感覺。

「傷心。還是傷心。但冷靜多了，也覺得比較輕鬆、強壯了一些。更能做自己了。」她說。

在這個儀式中，最重要的不是悼詞內容，而是透過悼詞，我能幫助許多女性放棄「母親某天可能變好」的強烈渴望。

透過象徵性的意義及行為，悼詞成為促進改變的有效媒介，並能直接影響、重新設定人的無意識。這場象徵性的葬禮能有力地終結所有「但願能有所改變」的心態，如：「但願我做了這件事之後，她就能對我好一點。」「但願我拯救她之後，她就能快樂起來。」「但願我讓她搶足鋒頭之後，她會願意回頭關注我。」「但願我能變得完美，她就不會再批評我了。」「但願我努力之後，她終有一天能夠愛我。」

許多女兒幾乎一輩子都在思考自己做錯了什麼，同時想盡辦法要贏取母親的愛與認可，因此，若能接受自己追求的不過是把人生搞得一團亂的幻影，對她們而言確實是個重要轉捩點。莎曼珊感覺到的正是這個轉變。

沒有人能一夜痊癒：與憤怒及哀痛合作共生

在會面過程中，我的個案往往先從哀痛轉而憤怒，並在逐漸接受真相後，再次感到哀傷。我告訴她們，任何情緒都很正常，因為妳終於清楚意識到未曾從母親身上得到應有的關愛。有了這項全新認知之後，任何童年回憶都可能觸發哀傷洪流；以往令人煩擾的尋常小事，現在都可能引發驚人怒氣。此時，女兒必須學會接受所有情緒，並切記，長遠看來，如想獲得真正的平靜與力量，就得盡力與這些情緒合作，而非當作不存在。

通常等個案寫完信，並徹底感受信件引發的情緒後，我會鼓勵她們開始找出與這些情緒相處的新方法。此時並不是與母親對質、對峙或對戰的時刻。

「就跟哀傷與怒氣相處一陣子，這些感受會讓妳更認識自己，尤其是妳真正的需求與欲望。」我告訴莎曼珊。「妳現在所發現的一切，會在未來成為重建母女關係的基礎，所以在尋求解答的路上，不要急著跳過自己的感受。」

處理憤怒與哀痛的訣竅

面對尋求重建母女關係的女兒，我總會提醒她們利用各種建設性的方式發洩情緒，而非堆在心裡。

以下，我蒐集了一些足以幫助個案度過情緒起伏的訣竅。無論妳的母女關係目前處理到哪一個階段，我相信以下的訣竅，都能幫助妳度過煩躁、困惑及許多難以承受的時刻。

・面對怒氣，處理怒氣

許多女兒都自認很能表達怒氣，但通常是透過「壓抑到爆發為止」模式，她們會先過度忍耐，直到受不了再一次發洩出來。有些女性面對母親時總是壓抑怒氣，但一遇到觸發過往傷口或糟糕回憶的人、事、物，情緒會立刻被引爆。她們的私人生活與事業都因此出現問題，但諷刺的是，母親明明才是她們最氣的人，卻很少目睹她們發火。另外還有些女性因為過度忍耐，導致身體出現問題。

有些女性會直接以大吼表達怒氣。她們或許自認早已掌握了這種難搞的情緒，但吼叫其實就跟沉默一樣缺乏實際效用。正如我對個案所說的，大吼會讓妳像個不值得信任的孩子。更糟的是，妳一大吼，她就不會認真聆聽妳想表達的內容，於是更不可能做出改變。妳等於再一次把權力交還給她。

我們其實還有很多選擇，而且效果更好。以下是我指導個案處理怒氣時，可用的有效技巧。

一、**不帶成見地感受怒氣**

我知道某些女性只要一生氣就會產生強烈的罪惡感，彷彿背叛了母親，但只要是人就一定會生氣，這是正常現象。生氣不是一種缺陷，而是情緒引導系統中不可或缺的一部分。為了能夠感受、利用這種情緒，請盡量抱持好奇心去理解，並自問：這份怒氣試圖提醒我注意些什麼？有什麼需要改變嗎？

二、**接受自己有權感到憤怒**

告訴自己：

- 我深深受傷了，有權因此感到憤怒。
- 生氣並不代表我是個糟糕的人。

- 生氣時出現罪惡感很正常。
- 只要能夠以健康的方式處理，怒氣就能帶給我力量。

三、實際理解憤怒的樣貌

如果妳逃避怒氣的其中一個理由，是怕自己生氣看起來很醜，請注意電視和電影中那些能夠冷靜、堅定地表達怒氣的女性。她們的表情通常帶有堅毅的力量，而且非常吸引人。她們一點也不像潑婦，反而散發高貴的氣質。我很喜歡一部經典老片《女繼承人》（*The Heiress*），演員奧莉薇亞・德哈維蘭（Olivia de Havilland）在其中飾演一個樸素且極度害羞的年輕女子，不但遭受殘暴父親打壓，還被覬覦她家產的未婚夫背叛。隨著劇情進展，她開始面對內心怒氣，也決定好好面對自己的遭遇，於是外在出現極大轉變。電影最後一幕，妳能透過她的姿態與表情明白：這個女人絕不可能再被人占便宜。她所散發的氣質與醜陋完全沾不上邊，反而是重獲自我力量的美麗光芒。

四、透過運動，釋放怒氣的能量

跑步、走路、打網球、游泳，在運動課堂上隨著音樂，忘情揮灑汗水。活動身體能產生腦內啡，而腦內啡是促進人類感到幸福的關鍵化學元素。運動是發洩體內怒氣的最好方法之一。

五、透過視覺化技巧，幫助心靈平靜

找一段不會被打擾的時間，大約五到十分鐘，坐在一個舒適、隱密的地方：妳最喜歡的椅子、床上，或甚至車上都行。閉上眼睛，用鼻子深深吸氣，再以嘴巴緩慢吐出。透過視覺化技巧，想像妳的呼吸是一道進出身體的溫暖熱流；緩慢深呼吸四到五次，想像吸進去的熱流抵達體內緊繃之處，然後在吐出來時，帶走了所有的壓力。

現在，想像妳曾去過最美、最寧靜的地方（以我為例，夏威夷有一座大島，那裡的閃亮藍色海灣被暗綠色山脈圍繞，是我心中最美的所在）。想像妳站在那個特別的地方，讓空氣、陽光、風跟周遭的顏色與氣味滋養妳，妳會發現自己逐漸冷靜下來。想待在那裡多久都行，透過呼吸，盡可能地沉浸在畫面的平靜氛圍中，同時讓所有思緒隨風飄散。感覺妳的心跳和呼吸速度逐漸趨緩。就這麼安靜地流連忘返一陣子。準備好離開後，最後環顧四周一眼，再睜開眼睛。

這個地方永遠等著妳，妳隨時可以再回來。

・如果妳氣的是自己

一旦有辦法對母親發怒之後，這些女兒的腦中通常開始充滿疑問：媽媽明明應該愛我，為什麼可以表現得如此輕率又惡毒？下一步就是質疑自己：為什麼我能忍受她這麼久（甚至直至今日）？

就跟許多女兒一樣，莎曼珊在成長過程中始終相信，如果母親不開心或表現不和善，一定是因為她沒把事情做好。不過，就在我們的某次會面中，她發現自己心中是這麼想的：「我怎麼能任由她惡待我？我怎麼能任由她控制我？為什麼我就是無法反抗她？為什麼我任由這些事發生在自己身上？為什麼我總像個只想取悅她的奴隸？」本質上來說，她已經逐漸遠離原本的自責邏輯，開始建立新的思考模式。但她還是會問：「**我**到底哪裡有問題？」

對這些女兒而言，能夠批判性地檢視那些自責與憤怒的情緒很重要。我總是如此提醒莎曼珊及其他所有個案。

首先，妳是被設定要屈服於權威並依賴母親的無助孩子。妳的母親年紀比妳大、體型比妳強壯，各方面都比妳聰明、有力，除了聽她的話之外，妳別無選擇。不然妳還能怎麼辦？妳才七歲，難道要離家出走，找份工作養活自己嗎？

在逐漸接受自己曾被惡待的過程中，對自己生氣是正常的。但自我譴責無濟於事，不但不會讓妳感覺好一點，也無法改善生活，只會使妳心情更糟。

以下的句子能夠幫助個案啟動自我原諒及憐憫的機制。那是她們應得的解脫。

【自我原諒及憐憫練習】

只要心中一浮現「我怎麼能容許之前那種事發生？」的念頭，我建議妳們先閱讀這些句子，口中誦唸，接著寫下來：

- 我當時根據有限的資訊，盡力做到最好了。
- 我當時是個孩子，沒有徹底理解自己遭遇的能力與觀點。
- 我很早就被設定要順從母親，並盡可能地取悅她，這項設定深植於我內心。
- 我的罪惡感及面對後果的恐懼太過強烈，壓過了想要改變的動機，但情況已經有所改變了。
- 我並不孤單，許多人都在脫離無愛母親影響的過程中，遭遇過困難。
- 改變本來就很困難，對每個人而言都是。
- 要放棄母親可能會改善的希望很困難。我就是無法接受她不太可能有所改變了。
- 我被剝奪了太多力量，導致現在不知如何改變現狀。
- 我原諒我自己。

她們不只缺乏設定母女間明確界線與停損點的方法，甚至不知道自己有使用這些方法的權利。

・哀痛的真實樣貌

寫信給母親並面對過往傷痛之後，這些女兒會有一段時間非常脆弱，不管任何小事都會引發她們的哀痛情懷——可能是一段回憶，或是電視上出現她們渴望已久、卻從未擁有的母女親密情節。這種情緒非常正常。正如我每次告訴個案的，這些情緒代表妳是個敏感的人，妳該好好保護這些情緒，並為此感到驕傲。

我知道這種哀痛非常嚇人。當許多女性意識到自己的母親沒有愛的能力時，感受到的哀痛可能椎心刺骨。有些女性告訴我，深陷哀痛的感覺就像沉在一條陰暗深沉的河底，而且永遠沒有浮出水面的機會。這種哀痛非常強烈，有些人因此嚇得六神無主，但我總保證這樣並不表示她們即將發瘋或崩潰，只代表正在經歷哀痛的正常歷程，而眼淚會幫助她們痊癒。

我們常相信哀傷就跟憂鬱一樣沒有終點，很怕一輩子都得陷在這種感受中，為了避免這種結果，我們常勉強掛上微笑，假裝一切都沒問題，「我知道還有其他人過得更慘。」我們不容許自己沉浸於自溺的哀憐。

但如果我們無法勇敢面對哀傷，反而可能永遠受此情緒掌控。我們得去體驗哀傷，而非將其拋在腦後、繞路不理或放下不管，而是**走過一遍，好好體驗**。這麼做非常需要勇氣，我了解。

如果可以，我也希望幫助哀傷的女兒跳過這段歷程，或找出一種能立刻緩解哀傷的神奇練習，但在現實中就是不可能。不過，我可以向她們保證，一旦她們允許自己深刻擁抱哀傷，哀傷便會逐漸消失，而且會隨時間逝去，大幅緩解。

我在本章開頭提過一些緩解怒氣的視覺化技巧，也曾建議妳們透過練習及運動釋放情緒，同樣地，這些方法也能用來處理哀痛。

透過情緒，打破惡性循環

當母女關係逐漸惡化，痛苦指數不停升高，每個女兒都必須做出一個關鍵的決定：她可以努力去與內心感受和解，透過感受釐清思緒，進一步做出實質的改變；但也可以當作感受不存在，並透過傷人與不適當的行為抵抗內心傷痛——就像她母親一樣。

如果希望以後不要變得跟母親一樣，身為女兒能買的最棒的「保險」，就是不畏艱難地鼓起勇氣，面對內心的情緒，並從中汲取人生的教訓。一旦這麼做了，就能在人生之路上，得到許多母親無法給予的真誠關愛。

第十章

改變行為，就能改變人生

「我知道改變很辛苦，但不改變會更辛苦。」

一旦女兒真正面對情緒，下過苦功好好處理後，就能深刻在大腦層面理解，自己不該為兒時的苦痛負責。隨著這項認知取代了多年來掌控自己的內疚、羞恥和自責後，她會變得更難接受母親的無愛行為，以及自己隨之產生的自我挫敗行為。

不過，即便走到了這一步，許多個案仍不知如何將此重大轉變落實於日常生活中。這些無愛母親的女兒沒有好的學習楷模，不知如何成為對自己負責，並能主張自我權利的獨立女性。她們幾乎沒機會學習以健康的方式捍衛自我，無法適當地處理衝突與壓力，也不懂在他人傷害自己時，設立停損的界線。

因此，若想打破舊有的母女模式，妳必須使用之前提過的技巧，而妳的母親也需要學習如何成為一個母親該有的樣子。

在本章中，我想將妳改頭換面後的藍圖展現出來。我曾提供個案許多足以改變母女關係的行為策略和溝通技巧，這些工具在她們處理之前兩章的內在情緒衝突時也非常管用，因此，我也會將這些策略與技巧陳述於後。

我們所有人都該熟習自我保護與自我肯定行為的藝術，它們是抵抗他人惡待最有力的防禦武器。我也能篤定地告訴妳，無論妳是否正與諮商師合作，或正獨自進行重要的情緒重整工作，妳都能靠自己進行以下的練習。本章是以行為、策略及技巧取向為主。我們一般認為，在改變感受與信念的過程中，行為是最終端的結果，但我想妳會驚訝地發現，一旦有了新的行為模式，妳的感受邏輯與殘存的負面信念都會出現大幅改變。本章提供的技巧，能幫助妳做出重大的人生改變。

成年女兒的責任與權利

一旦放棄必須為母親的幸福快樂負責的信念，許多女兒立刻會覺得心中空了一塊。那是一種未知的空缺，畢竟妳從小都以母親為主體建立人生，就算兩人現在鮮少聯絡，妳可能還是習慣優先滿足母親的期望（或者故意全面性地唱反調），導致無法正常發揮自保及尋找未來方向的本能。然而，現在的妳逐漸得以掌握人生，可能反而有點不知所措，不曉得從何開始。

妳得先建立一組足以推翻「我必須為母親負責」的信念，其中的所有行為都以培養自我能力及尊重他人為宗旨。這才是妳真正必須負起的責任，但我相信妳還沒準備好。

一個成年女兒應負起的責任包括：

- 主張自我價值。
- 過自己想要的生活。
- 在行為變得挑剔或傷人時，做出改變。
- 找出屬於成年人的力量。
- 改變複製母親無愛設定的所有行為。

妳必須想辦法為以上的這些行為負責。一開始，妳可能不懂承擔這些責任是怎麼一回事，也不知如何進行。沒有關係。這些是妳打算達成的目標，是地圖上的一個全新目的地。妳本來住在母親統御的領地，在那片領地上，任何「擁有自己的人生」及「擁有自己的想法、感受或行為」的念頭，都會因為過度冒犯而遭受懲罰，而妳現在必須離開。妳的內在與外在都得做出改變，以適應即將啟程的改變之旅。所以請花上一點時間，好好思考以上必須對自己負起的責任，並在消化後確實吸收。

一旦接受了這些必須對自我負起的責任，妳就做好了主張自己權利的準備，也就是幫助妳成為強悍女性及女兒的基本權利。我是在今年的獨立紀念日擬出了下列清單，當時腦中一邊思考這個節日的意義，以及其中慶祝人民脫離暴君的啟發性意涵，一邊突然意識到，這些女性面對各式高壓殘暴的無愛母親行為，似乎一輩子都不知道她們有權保護自己，甚至追求自由。於是，為了她們——也為了妳——我擬下了這份「權利宣言」。只要能好好細讀後內化，妳就不可能允許任何人欺負妳。

【成年女兒的權利宣言】

一、妳有權被尊重。
二、妳有權不為他人的問題或糟糕行為負起責任。
三、妳有權生氣。
四、妳有權拒絕。
五、妳有權犯錯。
六、妳有權擁有自己的感受、意見和信念。

七、妳有權改變心意，或決定採取不同的行動。
八、妳有權在與他人協商後，做出改變。
九、妳有權要求他人的情感支援或幫助。
十、妳有權在遭受不公對待及批評時，表達抗議。

身為成年人的妳，永遠都擁有這些權利，只不過在被母親設定多年後，妳可能會限制自己主張這些權利。妳可能在孩提時被引導至完全相反的道路上，甚至只因為不夠「完美」而遭受懲罰。時至今日，妳可能在看到這些權利的**概念**時感到振奮，但又不太自在，甚至因為想到必須堅持主張權利而焦慮。妳的母親已經坐在駕駛座太久了，因此，就算妳已成年，可能還覺得自己像個腳搆不著油門、眼看不到儀表板的小女孩。

但妳比自己想像的更強壯、勇敢，而且有力。我們接下來要練習的是「非防禦性溝通」（nondefensive communication），隨著學習並執行這項人生必要的技巧，妳更能確信自己擁有以上的優點。這項技巧能幫助妳在溝通及處理衝突時，做出關鍵性改變，甚至可能生平第一次懂得主張自己的權利，扛起應該對自我負起的責任。

非防禦性溝通

妳的母親可能直到現在仍讓妳壓力很大，而且她的手段五花八門，包括：誘騙、挑剔、威脅、哭泣、嘆氣、讓妳感到內疚／低人一等、遇到任何不滿就以「不要對妳媽回嘴」恫嚇，或者告訴妳不聽話會招致嚴重後果。妳勢必因此成為自我辯解的專家，成天在想辦法否認自己的錯誤、合理化自己的行為、為自己找出各種藉口或理由，或者直接道歉。但妳沒有意識到的是，每次只要以類似方式回應母親，即便妳以為有在保護自己，其實都只是被迫採取防禦姿態——而這兩者之間的差距極大。自我保護是一種避免受傷的機制，但採取守勢其實是一種軟弱，往往還伴隨過度害怕面對質疑與批判的問題，甚至因此永遠無法和他人採取平等立場溝通。

以下是一些採取守勢的人常會說的話：

- 我才沒有。
- 不，我沒有。
- 妳怎麼能這樣說我？
- 妳為什麼總是……？
- 妳為什麼不能講理地做出一些改變？

- 那實在太瘋狂了。
- 我從沒說過那種話／做過那種事。
- 我這麼做只是因為……
- 我不是故意的。
- 我只是想要……
- 但妳答應過了……

這些防禦性語言內埋藏了各種焦慮、擔憂、恐懼及大量的脆弱情緒。防禦性語言是妳的敵人。每次只要採取守勢，妳就等於給了母親進攻機會，也代表願意被捲入「指控／防禦」的無效迴圈中。妳等於自動退到角落，邀請她繼續對妳施壓。妳因為採取守勢，顯得既脆弱又虛弱——而實情也的確如此。

但妳可以打破這個迴圈，而且可以用一種看似神奇的方式輕易達成目標：改變妳所習慣的措辭。

・雪倫：反抗母親的辱罵與批評

雪倫擁有工商管理碩士學位，目前在一家診所擔任櫃檯人員，最近她因為跟愛挑剔的自戀的母親起了衝突，感到極度恐慌，所以前來尋求我的幫助。（我們在第二章〈嚴重自戀的母親〉討論過她的故事。）自從寫信給母親之後，她比較懂得正面看待自我，但和母親之間，仍處於一觸即發的緊繃狀態。

雪倫說：「她又來了，蘇珊。之前莫娜阿姨過生日，我去和她及我母親共進午餐。我愛莫娜阿姨，再加上兩人很久沒見面，所以花了點時間了解彼此的近況。她問我最近在忙什麼，我還來不及開口，我媽就插嘴。『慘斃了，』她說：『她現在在一個醫生的辦公室工作，而且是**櫃檯人員**。』那種語氣好像我是收垃圾的還是怎樣。然後她又說：『那麼多書都白念了呀！』接著發出一串悲劇女王的苦笑聲，『她真是我的小失敗鬼。』」

我問雪倫如何回應母親。

她說：「妳一定會為我感到驕傲，蘇珊。我有維護自己的立場。『我才**不是**失敗者，』我告訴她，『我以自己為傲！我喜歡我的工作，喜歡我服務的對象。我的工作讓我很愉快。妳為什麼就不能為我開心呢？我本來就**不想要**一份高壓的工作。為什麼妳總得羞辱我？』她總算安靜了一陣子，但最後還是忍不住回嘴。『好吧，親愛的，』她說：『我知道妳對這件事很敏感，但妳得振作起來，我不可能永遠當那張在危機時接住妳的救生網。』講得好像她有當過我的救生網一樣。我氣壞了，但幸好莫娜阿姨立刻改變話題，我媽也沒繼續追究。」

我問她，對這段對話有什麼感覺。

「感覺不是很好，老實說……我確實有維護自己的立場，本來以為事後感覺會很好。確實，當下感覺不錯，但對話結束後，我的感覺還是很糟。真不知道是哪裡出了問題。」

我向雪倫解釋，母親的輕視與汙辱評論（「她真是我的小失敗鬼。」）揭開了她的舊傷：**妳就是不夠好**。於是，她腦中立刻本能地啟動熟悉的辯解迴圈。她的直覺就是保護自己不受到進一步的傷害。

「問題是，」我告訴她，「妳用來保護自己的策略無法終止迴圈，反而使情況惡化。這些反應看似理所當然，但每當妳試圖合理化自己的作為，或老是追問『為什麼』，例如：『為什麼妳總得羞辱我？』其實都是在為母親進行彈藥補給，最後幾乎無從避免地感覺自己渺小、受辱、不夠好，而且就算大吼回去也沒幫助。」

我進一步解釋，一旦她採取守勢，母親就能掌控兩人的對話節奏及話題。因此，雪倫的防禦等於**邀請**母親做出更多批評、攻擊的行動。一旦雪倫受到攻擊，並因此沮喪，就更可能出現無效的退化行為。「我知道妳沒生小孩，但一定看過小孩吵架，」我告訴她，「比如一個人說：『妳作弊！』另一個人說：『我沒有！』這場對話就會像乒乓球賽一樣來來回回：『沒有！』『就有！』『沒有！』『就有！』妳跟母親進行的就是這種類似五歲小孩的吵架，結果當然也沒什麼不同。」

我建議先進行角色扮演練習。角色扮演是我多年來使用的諮商技巧之一，不但能為人有效形塑新的行為模式，同時可以精準找出問題的關鍵核心。

我說：「現在，請妳假裝是妳的母親，我假裝是妳。讓我為妳示範一些更好的回應方式，而且學起來很容易，不但至少能暫時停止對方的挑剔攻擊，也能給妳重整心情的機會。就從母親最常找妳麻煩的一些話開始好了，我希望妳盡量模仿她的口氣。」

雪倫（扮演自己的母親）：「我真不懂，妳怎麼能放著商管碩士學位不管，跑去接電話跟整理檔案？但反正妳從來都不聽我的話。要是妳懂得聽話，就不會這麼讓人失望了。」

我（扮演雪倫）：「我知道妳的意思了。」

雪倫（沉默了一陣子）：「真的嗎？就這樣？我不知道該怎麼接下去。」

我：「就是這樣。妳媽也會不知道該回答什麼。一旦妳不再採取守勢，她就找不太到攻擊的地方。讓我們再試一次。」

雪倫（扮演自己的母親）：「我真不想這樣說，但妳讓我們好失望。我想妳永遠都只能是個小失敗鬼吧。」

我（扮演雪倫）：「我不接受妳對我的定義。」

雪倫說：「只要這樣說就可以了嗎？感覺結束得好……突兀。我不該多說些什麼嗎？」

我說：「不，這樣說就行。簡單一句話就夠了。不要試圖補充或修飾，也不要覺得有義務填補之後的沉默。一開始可能有點尷尬，但多練習幾次就沒問題了。」

我給了雪倫一張「非防禦性回應」的清單，請她熟讀後，找一位朋友練習。

【非防禦性回應練習】

當妳練習時，請在腦中想像母親最常用來批評或壓迫妳的話，接著從清單中找出適合回應的項目，獨自練習到能夠自在、流暢地應答為止。一開始可能有點刻意，畢竟大家對話時常仰賴習以為常的直覺，但我向妳保證，練習的結果絕對會令妳驚喜。

非防禦性回應如下：

- 真的嗎？
- 原來如此。
- 我理解了。
- 真有意思。
- 那是妳自己選的。
- 我知道妳的意思了。
- 妳可以有妳的意見。

・很遺憾妳為此感到不開心。
・我們等妳冷靜一點再來討論。
・大吼和威脅無法解決任何問題。
・我不討論這個話題。
・不是我選擇要討論這件事的。
・讓人內疚及裝可憐不再有用了。
・我知道妳不開心。
・這件事沒得討論。

這些回應的功能就像裁判一樣，有百分之九十九的機率足以暫停紛爭，阻止衝突繼續擴大。當然，妳不需要對好相處的人使出這項技巧，但只要遭受胡亂指責、霸凌、攻擊或批評時，這就是一項必要武器。

我告訴雪倫，只要使用一次非防禦性回應，她的恐慌發作問題一定會大幅緩解，因為有了武器，就不會再感覺情緒如此赤裸而脆弱。

下一次會面時，她的實測回報確實證明她有了自己的防護罩。

「我媽發現我沒有一如往常地開始自我辯解時，顯得很慌亂。之前在練習回應時，我覺得很蠢，但在需要時有所準備的感覺實在很好。有了這些回覆範本，我覺得身邊彷彿圍繞著護城河，她再也碰不到我。真的有幫助。真的。」

◎妳的感受，會跟上妳的行為

一旦使用了非防禦性溝通技巧，妳可能會擔心母親的反應，但千萬別讓焦慮阻止妳建立新的行為模式。一開始嘗試時，妳可能會覺得腸胃翻攪或肩頸僵硬，但不用太過在意，因為**只要妳改變外在行為，內在感受就會隨之跟上。**

原本妳受制於母親，內心因而累積了許多痛苦、羞恥和挫折的行為，但一切都會在運用此溝通技巧後大幅減緩，內在尊嚴與能量也會隨之提升。不過，妳得先跨出第一步，不能讓新知識停留在認知層面，而是真正採取行動。直到現在，妳的母親仍握有一切權力，但妳有改變的機會。答應自己與母親對話時不再被焦慮掌控，就算偶爾失手也沒有關係，下次一定有辦法做對。然後有一天，妳會發現已經能夠流暢、自然地進行非防禦性溝通。

‧蘿倫：逐漸剝除糾纏的母親的觸角

蘿倫是股市交易員，她過度糾纏的母親堅持每天查勤，而且常隨興加入女兒的任何行程。她深信只要想拿回自己的人生，母親一定會情緒失控，所以緊張得完全不敢嘗試。

（我們曾在第三章〈過度糾纏的母親〉討論過她的故事。）

「我希望能堅持己見，**不需要**在不想要時聯絡她。但我完全明白會有什麼後果。她會打電話來嚴厲警告我，而且不用過多久，她就會開始說自己一直坐在陰暗的屋內等我打來……我就會屈服了。」她說。

我也用了幫助雪倫的方式，與蘿倫進行角色扮演。為了觀察她平日回應母親的方式，我選擇扮演她的母親，讓她扮演自己。

我（扮演母親）：「我知道妳要我別在工作時打擾妳，但妳昨晚沒打電話，我好擔心。我就坐在那裡一直想妳是否平安？會不會發生了什麼可怕的事？我昨晚有試著看電視，但滿腦子都是妳出車禍的畫面。妳怎麼能讓我這麼擔憂？到底發生了什麼事？我做了什麼事讓妳不開心嗎？我覺得好受傷，好擔心，昨晚完全沒睡。妳都不關心我嗎？」

蘿倫說：「老天，蘇珊，妳一定有偷聽過我們的電話內容吧……好吧，那我要開始回應了……媽，我當然關心妳，這些年來我也每晚打電話給妳，不過就是漏掉一次而已。我想那還算不上聯邦重罪吧？想想我帶妳去過多少地方？又花了多少時間陪伴妳？我是個很奉獻的女兒了。」

我（扮演母親）：「可是我感覺不到妳關心我。至少經歷昨晚之後，實在感覺不到。妳真的不知道我有多擔心……」

蘿倫說：「我真是個沒用的軟腳蝦，蘇珊。我知道我們只是在演戲，但我真的好內疚。她都講成這樣了，我要怎麼告訴她之後再也不打算電話報備呢？」

我跟蘿倫提過很多次，健康的新行為會帶動情緒轉變。當妳開始對母親說：「不，我不打算只因為妳堅持就照妳的意思做事。」一開始或許會有罪惡感，立場也可能搖擺不定，但一定會愈試愈上手，焦慮感也會隨之消散。我們必須盡量實踐健康的行為，並相信情緒會隨之改善，而情況也確實總是如此。

在練習如何以非防禦性溝通技巧應對母親的過程中，蘿倫的表情逐漸有了光彩。她尤其喜歡「很遺憾妳為此感到不開心」，因為儘管聽來仁慈，但仍能讓她充滿力量。

我（扮演母親）：「妳昨晚沒打電話，我好擔心。我一分鐘都沒睡著。妳怎麼能這麼不貼心？」

蘿倫說：「很遺憾妳為此感到不開心。我沒有要讓妳擔心的意思。」

我（扮演母親）：「妳明知道只要偶爾打幾通電話來，我就會放心不少呀！我的要求太多了嗎？」我提高音量，一副快哭出來的樣子。「妳再也不在乎我了嗎？」

蘿倫說：「我當然在乎妳呀！這問題也太荒謬了吧……哎呀，我又掉入陷阱了。可以再試一次嗎？」

「當然。」我說。

我（扮演母親）：「妳再也不在乎我了嗎？」

蘿倫說：「喔，老天。我真的想不出來該說什麼。」

「不如試試『我們等妳冷靜一點再來討論』。」我說。

我（扮演母親）：「我沒辦法跟妳談了。我要去樓上休息了。」

蘿倫說：「我真的可以這樣說嗎？蘇珊。聽起來難道不會像個傲慢的賤貨嗎？」

一開始使用非防禦性溝通技巧，妳可能會覺得自己的行為既糟糕又過分，畢竟之前只要有人提出疑問或陳述，妳就已經習慣立刻做出回應，無法任其懸置。因此，要妳以中性字句回應不開心的母親可能更難以忍受。

我們無法預測母親會如何回應妳的新行為，畢竟她以前很少被妳質疑。如果被撩動了自戀怒火，自戀的母親可能會在妳使用非防禦性溝通技巧時發怒，但蘿倫的糾纏的母親很可能會開始裝可憐。我無法討論妳母親可能出現的所有反應，唯一能說的是：請繼續保持非防禦性姿態。無論母親做了些什麼，以上的非防禦性回應清單都很有幫助。如果母親已經開始暴怒，並開始羞辱妳，請直接說：「我們等妳冷靜一點再來討論。我現在得離開了。」

練習新的溝通模式就像穿新鞋，一開始可能咬腳，尺寸感覺不對，但一定會愈穿愈舒適，而且結果往往超乎預期。妳也會發現，一旦踩穩立場，所能得到的解脫與自豪感，足以克服一切恐懼。

就算不小心重蹈舊有的模式，也別擔心，這是正常現象。每個人都會犯錯，但妳還有很多機會練習。只要持續將非防禦性溝通技巧落實於母女溝通中，一定會發現自己的心情愈來愈自在。

我必須告訴妳，將這些技巧落實於生活中，實在非常重要。如果妳能在面對母親時成功執行，面對其他人也就不會有問題了。

第十一章

設定界線

「我本來不相信自己有說『不』的權利。」

非防禦性溝通能有效地平息衝突，或轉移紛爭的焦點。無論面對多麼激怒人的言論，妳都能冷靜自持地回應。不過，為了最有效地翻轉關係中的權力結構，妳不只得使用非防禦性溝通技巧，還必須定義自我的需要與要求，並與母親進行溝通。這代表妳得學會設定界線，也就是規範妳倆關係的各種限制與規則。

想像妳住在一棟沒有門的房子裡，窗戶沒有玻璃，後院也沒有圍籬。一旦少了這些保護自我空間、隱私與安全的界線，妳一定覺得既赤裸又脆弱；妳這輩子身處母女關係中的感受，大約也是如此。所有無愛母親的共通特徵之一就是：不承認母女界線的存在。她們假定自己的需求比女兒重要，其中有些需求甚至會在跨越個體界線後，侵害妳的身體，並將她們的判斷、需求、意見與偏好，強加於妳身上。她們全面接手妳的生活，並堅稱好女兒就該聽從母親的安排。

不過，只要設定界線，就能改變一切。妳不但藉此得以定義自我的身體與情緒空間，還能真正主導自己的生活。所謂「**身體界線**」，代表容許他人在妳面前或屋內所做的行為。「**情緒空間**」定義的則是容許他人對待妳的方式。透過寫信的練習，女兒能逐漸理解區分自我及母親情緒的方式，但實際嘗試時，要將妳與母親的各種作為及情緒反應區分開來，仍有困難。

【情緒領地辨識】

以下列了幾個問題，幫助妳確認自己受母親情緒掌控的程度：

- 妳仍覺得必須為母親的感受及需求負責嗎？
- 妳是否仍將她的感受與需求，看得比自己重要？
- 妳仍會因為母親難受，而跟著難受嗎？

如果至少有一個答案是肯定的，代表妳的情緒界線不夠穩固。妳仍住在由母親統御的情緒領地內，而非自己的領地。

一旦女性從小就被教育要以母親的感受與需求為優先，情緒邊界脆弱也是意料內的事。如果在這種環境中長大，妳會覺得在母女之間劃定界線是錯誤的，甚至沒聽過這種事。不過，只要這麼做了，妳的情緒世界就有了必要的門窗及圍籬，才能藉此展開妳渴望的獨立人生。

妳不必為母親的生活、心情、感受或看待妳的扭曲觀點負責，以上這一切都屬於妳的母親。無論妳感到多內疚，都得記住，妳現在的任務，就是要在母女生活之間劃定界線。

這項任務極為重要，因為只要妳仍把焦點放在母親身上，就不可能了解自己是誰，或者內心真正的渴求。妳把時間都花在揣測她的需求、反應和可能使她心情不好的原因，於是擠壓掉探索自我欲求，及說出「我想要」、「我比較喜歡」和「我其實這麼想」的空間。對於女兒而言，一旦習慣針對母親的需求做出反應，往往會覺得選擇擔任被動角色容易許多，但也因而忘記了擁有獨立身分的感受，甚至從未發現有這個可能。

為了完成個體化的目標，成年女兒的關鍵任務就是成為掌握自我的女性。但如果妳從未允許自己去盡情探索內心的欲望、表現獨特才華，並真正愛其所愛，這項目標就永遠不可能實現，除非能好好地劃定自我界線，妳才能在其中統御一切。假如直至今日，妳都把這項目標當作不可能實現的幻想，那麼，請讓我向妳保證，只要將母親糾纏著妳的觸角拿開，一切都不再是幻想。

劃定界線

妳必須透過四個步驟來設定界線。實際執行不但需要勇氣，還得讓內在情緒與外在行為彼此配合。但我向妳保證，結果絕對值得。

・第一步：確定妳要什麼

如果妳是個界線不明確的人，請花點時間仔細想想：在母女關係中，對方的哪些行為對妳來說是可接受的？又有哪些行為會讓妳覺得被入侵、被看不起、被抹消價值或感到無力？面對母親的需求，妳願意回應哪些？不願回應哪些？其中的界線應該在哪裡？妳願意付出到什麼地步？

妳有權決定兩人相處時的行為界線。母親幫妳設計新髮型可以嗎？她來找妳之前要先打電話嗎？沒有急事的話，可以深夜打電話來嗎？當她到妳家時，可以隨手拿起桌上的信件來讀，或者翻看妳的抽屜或冰箱嗎？妳會介意她沒先問就借走妳的東西嗎？她可以改變妳的衣櫃收納邏輯嗎？可以看妳的手機簡訊嗎？妳可以在自己的領土內設定規矩，內容完全遵照妳的個人需求與意志。

請記住，妳**永遠**有權要求別人尊重妳，有權在面對不公對待與批評時，提出抗議，而且必須在個體邊界內主張這些權力。妳的母親不該威脅或透過言語羞辱妳，更別說大吼大叫。妳有權要求她停止批評妳及妳的親友，也有權要求她別自以為是地亂給建議。妳不需要為了她的問題或負面心情，承擔額外的罪惡感與責任。

如果在準備將需求告知母親的過程中，妳覺得內心不夠篤定，仍有所猶疑，回頭再讀一遍妳的權利宣言。妳是一個擁有各種選擇與選項的成年人，只要列出母親的無愛行為，並確保不再受其傷害，就能離真正的自由再近一步。一旦妳讓自己和那些行為保持距離，就是在設定界線。妳不需要一次將所有界線都設置到位，我也不建議這麼做，最好一步一步慢慢來。但無論如何，妳都得先搞清楚自己的需求。

・第二步：透過立場聲明，向母親表達意願

設下的界線不能只有妳自己知道。妳必須清楚地讓母親了解，妳們的關係現在必須設定一些新的基本規則，並在她犯規、使妳不舒服，或提出一些妳根本沒興趣的要求、命令或偏頗定見時，出言提醒，界線才有意義。妳必須透過「立場聲明」，設定界線。

【立場聲明練習】

「立場聲明」是一種用來直接表達需求的非防禦性語言，句子開頭通常如下：

• 我不再願意……
• 我願意……
• 我無法再接受妳……
• 妳不可以……
• 我需要妳開始……

實際運用的例子如下：

• 「媽，我不再願意聽妳抱怨爸了。我希望妳去找別人討論這些話題。」
• 「妳不可以批評我丈夫。」
• 「我無法再接受妳在我家喝酒，或在我孩子身邊喝酒。」
• 「我不再願意每週日跟妳見面。我們可以一個月約一次，但其他時候，我希望妳自己安排週日活動。」

妳不用道歉、解釋、試圖將一切合理化或低姿態懇求，只需精準到位地說出妳的立場聲明：什麼可以？什麼不可以？那些才是溝通的重點。

．第三步：準備好回應方式，並實際運用

如果我們身處完美世界，一旦妳表達了個人意願，母親就會立刻抱著妳說：「沒想到我之前讓妳如此困擾，我一定改！」此後妳就能擁有一段完美的母女關係。不過在真實世界，與無愛母親拉鋸的過程可不會如此簡單。母親一定會在發現妳試圖設置邊界時大感震驚，畢竟她很少（或從未）看過妳立場堅定的模樣，大概也假定妳不是這種人，當發現妳獲得的全新力量時，她一定會倍感威脅，並想要反擊。

因此，就跟之前練習非防禦性溝通技巧一樣，面對她可能會說出的話，妳一定要有所準備，並練習可能的反應。但這次的重點在於堅定立場，以免被捲入替自我行為辯解及解釋的迴圈，此外，也要避免自我批判。以下是幾個例子（在本章的後面，還會提供更多例子）：

【當她說】「為什麼現在要這樣？妳以前並不覺得困擾呀！」

【妳就說】「其實我一直為此困擾，媽。只是以前不敢說什麼，但我不會再接受……」

【當她說】「妳被什麼影響了？」

【妳就說】「我只是變得更有勇氣，看得也更清楚了，媽。我不會再忽視、原諒或接受妳的越界行為，也不會再為妳找藉口了。」

【當她說】「是誰在背後慫恿妳？」

【妳就說】「完全是我自己的意思，媽。我已經思考很久，不再願意接受現狀了。」

・第四步：確認合理的退場方式

妳的母親可能會抗拒或拒絕尊重妳所設定的界線，如果她反應不佳，妳必須規劃好回應的說詞或作法。我不是要妳懲罰她，重點在於遠離她的傷人行為，畢竟一旦妳設下界線，就代表不再接受母親的特定行為。

【確認安全距離】

為了保護妳不再受那些行為傷害，並向妳及母親證明自己意志堅定，妳必須與那些行為保持距離。那麼，該如何將母親推到安全距離以外？

一、首先，再次清楚地陳述妳的立場聲明及界線。

二、如果仍無法獲得應有的尊重，妳可以：

・離開。

・要求母親離開。
・掛掉電話。
・降低兩人之間聯絡的頻率。

當然還有其他可能的回應方式。請在思考之後，規劃出最能讓妳遠離母親惱人行為的策略。但我想強調，當母親無法尊重妳的界線時，我之所以要妳與她的無愛行為保持距離，目的絕非報復、傷害或羞辱她，而是要妳考量自己的最佳利益後，採取行動。

事先規劃行動細節，向母親預告，並承諾自己將堅定執行——藉由這些準備，妳才能把想法清楚地向母親表達，也才能確保自己言行一致。

妳無法改變母親的行為，只有她能改變自己。但是，透過改變妳的個人行為，妳確實有辦法改變母女關係。

蘿倫：練習立場聲明

成功使用非防禦性溝通技巧之後，蘿倫急著想進行下一步：為母女關係設下新的基本規則。

「我不再道歉、屈服，而是對母親說：『很遺憾妳為此感到不開心。』明明只是小小的改變，卻真的有用。這種非防禦性手段真的讓我感覺更強壯了。但我媽還是期待我每晚打電話給她，而且我『漏接』她的電話仍會令她抓狂。我得想個辦法進一步讓她明白，我不可能再為了她二十四小時待命。」她表示。

此時她需要的正是立場聲明。我跟她解釋了立場聲明的基本概念，然後問她，希望和母親建立什麼樣的通電話模式。

「我一個禮拜頂多只想跟她講兩、三次電話，那樣就太好了。如果可以的話，希望練習一陣子後的次數能再少一點……此外，每通電話真的不用講很久。我只想確認她一切都好，也讓她知道我一切都好。但光想到每次要講好幾個小時，聽她逼問我所有的生活細節，還要插手控制，我就覺得受不了了。」

我問：「妳打算如何告訴她？」

蘿倫說：「我可以說：『媽，在掛電話之前，我得跟妳談談。我要讓妳知道，我之後不打算每天都打電話給妳。我有自己的生活，也很樂意每週打幾次電話給妳，但妳不可以再透過電話詢問我所有的生活細節。另外，妳不可以在我上班時打電話過來。妳可以在我的手機留言，但不可以直接打電話到公司找我。』可是我也知道，只要我不每天打給她，她就會不停地打來煩我。她老是這樣。我曉得她一定會翻臉，然後指責我不愛她了。」

糾纏的母親非常懂得見縫插針，蘿倫一直以來的反應，也讓她的母親深信自己總能大搖大擺地跨越女兒的界線。而每次蘿倫的默許，也是在強化她的行為。現在為了教育母親習慣新的行為模式，蘿倫得堅定立場。一旦設定了界線——每週講電話兩、三次，但工作時不接電話——她就得告知母親，並以**實際行動**向母親證明自己是認真的。

「如果在妳清楚說明規則後，她還是一直打過來，妳會怎麼做？」我問。

蘿倫說：「我不想像之前那樣屈服……我知道很難，但如果她打來公司，我會請祕書不要轉接過來，或者直接結束話題，讓她知道我要掛電話了。」

我說：「所以妳也得把這件事告訴母親。『媽，我需要妳尊重我的意願，我們一週講兩次電話，除此之外，如果妳還是打來公司，我只好要求祕書別轉接過來，除非真有急事。我是認真的，媽。』」

蘿倫說：「但她一定會抓狂。我現在就可以想像她說：『我做了什麼才會淪落至此？妳為什麼要這樣懲罰我？』」

一旦妳拒絕接受母親不健康的行為，她們常會開始扮演受害者角色，那是一種操控他人的有力工具。但我告訴蘿倫，妳不用接受這項設定，而是使用另一種說詞有效地回應：「冷靜下來。我們現在已經設定了新的規則，妳得聽進去，並且認真看待這件事。」

只要忽略母親的特定問題或指控，全心專注於眼前必須設定的限制與界線，妳會覺得自己更有力量。一開始，或許她會很震驚，也可能因為猝不及防而顯得迷惑，無法立刻將所有資訊吸收進去，因此，妳就算像唱片跳針一樣重複說同樣的話也無妨。總之繼續設定應有規範，清楚解釋新的規則，同時讓她知道，假如不尊重或侵害妳的意願，妳會以何種方式回應。

「相信我，我知道妳很不喜歡堅定自我立場，也不想嚴肅地要求母親認真看待這件事，」我告訴蘿倫，「我知道妳對設下這些規範，感覺很不自在，因為似乎對母親太嚴厲、太無情了。我也尊重妳不想傷害母親的心情。但妳仍得想辦法照顧自己。如果妳不這麼做，什麼都不會改變。」

蘿倫說：「我知道，我想我沒有別的選擇……只能採取行動了。」

我建議她先擬定簡短講稿，並連同我們之前討論的回應方式一起背下來。正如學習非防禦性溝通技巧一樣，人們總能透過練習，流暢、自在地說出以往不習慣的話。

下一次會面時，蘿倫臉上掛著大大的笑容。

她說：「真不敢相信，但我做到了，蘇珊。雖然稱不上完美……我實在好緊張，而且超級內疚，但還是做到了……最痛苦的部分就是她開始哭，說她以前是多麼照顧年幼的我。我的心都快跳出胸口了，但還是告訴她，『媽，我們談的是現在的問題。我們是兩個成年人了，但關係並不健康——我們的生活太緊密糾纏了。我不是說一切都是妳的責任，就許多方面而言，也是我放任這種情況發生。我還是很喜歡跟妳相處、和妳聊天，但不可能像妳需要的那麼頻繁。我真的很在乎妳，但我們不能再繼續這種每天講電話的習慣。我不喜歡這樣，感覺真的很糟，也很遺憾妳因此感到不開心。』

「講完之後，電話另一頭是一陣漫長的沉默，時不時還冒出抽泣聲，我只能盡力阻止自己開口。我心情好糟。最後她說：『妳不愛我了嗎？』我說：『別傻了，我當然愛妳，但妳得尊重我的意願。現在我得掛電話了。我們幾天後再聊。』

「一開始，她還是不停地打電話來，但我沒接，她只好在我的手機留言。最後她終於不再狂打，但我**確實**有聽留言，她聽起來還是很不高興。不過我撐過來了，還沒屈服，我想應該算是擊敗了罪惡感。這兩個禮拜以來，都是我主動打電話給她，她也算是冷靜下來了。我真的不再那麼感到窒息了，也不再那麼內疚。一旦不再那麼憎恨她之後，我覺得更有辦法喜歡她了。」

我告訴蘿倫，我實在非常為她感到驕傲，她也該為自己感到驕傲。然後我要求她用右手拍拍左肩，同時說：「孩子，妳做得很好。」她疑惑地看了我一眼，但還是照做，接著臉上露出微笑，說她要再做一次。

蘿倫將此作為建立界線的先例。但這還只是開始，妳不能指望透過一項立場聲明，就讓母親出現一百八十度的轉變。不過，藉由改變自己的行為，妳能建立出一種改變的氛圍，身處其中的母親可能會因而開始改變，當然她也可能抗拒配合。無論如何，妳得花一點時間才能確認，所以請保持耐心，畢竟對妳和母親而言，這都是一個全新的領域。

凱倫：如何回應失去理智的母親

蘿倫的母親一開始不願接受女兒的立場聲明，但後來逐漸願意尊重她設立的界線。不過有些母親的反應卻很糟糕，不但對女兒吼叫、出言威脅，還勃然大怒。

凱倫面對的就是這種場面。她之所以來找我諮商，是因為自從和男友丹尼爾訂婚後，她那位易怒又有強烈控制欲的母親就不停找她麻煩，甚至出言羞辱。（我們在第四章〈控制狂母親〉討論過她的故事。）

透過諮商，凱倫逐漸了解，母親的控制欲一直在毒害她的人生，同時明白自己該在關係中化被動為主動，也就是得在面對母親時，劃定明確的界線。可是就像許多女兒一樣，她光是想像就害怕到不行。

凱倫說：「我知道該怎麼做出立場聲明，但實在不知道她會有什麼反應……」

「我們之前討論了很多，大概已經建立出妳母親的樣貌，也知道她在受到挑戰後可能有什麼反應，」我告訴她。「她汙辱了妳和丹尼爾，不停用各種方式欺凌妳，還威脅不為婚禮提供任何幫助。所以我們很容易推測，就算妳表示不再接受她的惡待，她也不可能突然改變脾氣，然後說：『妳說得對，讓我們坐下來好好籌劃婚禮吧，甜心。』那是不可能的。但我們可以為後續的狀況擬定各種應對策略。」

她說：「可是，我內心確實有個聲音在說：『這麼做又有什麼意義呢？』反正她一定會抓狂，場面勢必很難看，我只會像之前一樣一敗塗地。」

「重要的是，妳得透過設立清楚的界線來保護自己。妳必須讓她知道，她不能再控制妳。妳不能任由恐懼操弄妳的生活。妳的恐懼難道比想擁有更好人生的信念來得更強大嗎？妳的恐懼難道比對丹尼爾的愛更強大嗎？比妳的自尊更強大嗎？」我說。

凱倫說：「不，我真的想把事情做對，也知道必須行動……但我之前也試圖反抗過，根本沒用……」

我向凱倫保證，現在她的思緒比之前更為專注、清晰，而且在透過「確立自身需求」、「演練立場聲明」，以及「確認母親不尊重自我意願後的應對方法」三個步驟之後，她準備的講稿大致如下：

「媽，妳不能再斥責、辱罵丹尼爾，也不能再那樣對待我。從現在開始，妳不能再跟我討論婚禮或丹尼爾的話題。妳不可以決定我跟誰結婚。只要妳再提起這件事，我就會立刻停止跟妳對話。只要妳汙辱我，我也會立刻停止對話。」總而言之，就是五個清晰有力的句子。

現在她得思考如何處理母親在聽完聲明後的暴怒火花。確實，她母親也可能出乎我們意料之外地講理，但機率實在不高。

首先，我告訴凱倫，應該由她決定何時、何地進行這段設立界線的對話。與其焦慮不安地等待適合挑戰母親的對話時機，還不如採取主動，由她決定要當面或透過電話進行。如果妳確定母親會出言汙辱，就不要當面進行對話，以免無法在必要時離開現場。我建議可以打電話，因為妳能找一個感覺安全的地方，眼前擺著寫好的講稿，談起來會比較有自信。

「使用非防禦性回應來武裝自己。」我建議凱倫。當我們面對易怒母親時，千萬記住：不要進一步煽風點火，也不要爭論或開始自我辯解；不要跟她對吼；不要互相究責或出言汙辱；不要轉移話題。簡潔、直接地將重要訊息表達出來即可。

若妳的母親跟凱倫的母親很像，她應該會立刻把責任丟回妳身上，也會在發現妳竟敢質疑她的行為時，進行攻擊。凱倫完全可以想像即將到來的猛烈攻擊。

凱倫說：「我對她會怎麼說一清二楚。『妳怎麼敢用這種態度跟我說話？妳天殺的以為自己是誰呀！妳跟那個移民來往讓整個家族蒙羞。他配不上妳。妳給我好好檢討一下自己，小姐。』要是我能找到機會插話就算幸運了。」

我說：「妳不必承受這些羞辱與傷害。沒有人該承受這些。妳可以透過以下的方式打斷她：『別再講了。』『我們不談這個話題。』或『除非妳冷靜下來，不然我要掛電話了。』沒有人把妳和電話綁在一起，就算坐在她對面，也沒有人把妳跟椅子綁在一起。妳是成年人了。妳必須改變回應她的模式，妳們的關係才可能有所改變。

「直到目前為止，妳的母親掌握了所有權力。但現在的妳必須要求她停止，而且不只透過語言，還得以行動實踐。」

凱倫終於鼓起勇氣打電話給母親。下一次會面時，她向我回報。

「這是我人生中做過最艱難的事情之一，蘇珊。我的腸胃翻攪得一塌糊塗，光是撥電話就夠我受了。結果就像我預期的差不多慘。我表示再也不接受她對我和丹尼爾的批評，也不會再與她討論婚禮的事。這下子，我真的可以徹底放棄跟她一起逛婚紗的瘋狂幻想了……她真的是對我狂吼，罵我是個糟糕的人，還說她有多看不起丹尼爾。我把話筒拿得離耳朵遠一點，大概一秒鐘吧，然後對她說：『別再講了，吼叫跟辱罵不會再有用了。』她沉默了一秒。我說：『妳可以選擇跟我進行理性對話，不然就別談了，只會有這兩種選擇，媽。我需要妳停止羞辱我，也需要妳明白，我和誰談戀愛或結婚都不干妳的事。』

「最後她只說：『好呀！那就去毀掉妳的人生吧！我才不在乎。』然後用力掛掉電話。我並不真的覺得大獲全勝，內心情緒也不停翻攪，但真是大大鬆了一口氣。我現在能夠無愧地直視丹尼爾的眼睛了。我終於覺得自己是個完整的人了。」

如果妳跟凱倫一樣嘗試了以上步驟，希望讓自己與所有的言語羞辱保持距離，結果可能也會像凱倫一樣難受不安。面對母親的怒氣並不容易，但無論事後內心多麼糾結，我保證妳都會為此感到自豪，並不禁讚嘆：「喔！老天，瞧我剛剛辦到了什麼！」

「妳現在有了保護自己的工具，之後有需要時，也能再拿出來使用，」我告訴凱倫，「妳的家園沒毀，天也沒有塌下來。每次與母親進行艱難對話之後，深呼吸，或用其他方法讓自己冷靜下來。泡個熱水澡，並提醒自己剛剛做了件勇敢的事。妳**可以**照顧妳自己。妳已經找到內心那個女戰士了。她永遠都在，只等妳將她召喚出來。」

我知道不容易，但做就是了

現在就是妳做出決定的時刻：「我可以維持現狀，任由母女關係繼續侵害我的健全生活，但我也能想辦法改變。」

改變並不容易，但妳就是得努力地慢慢來。妳可能會感到內疚或害怕，然而，為了成為一名健全的女性，請答應自己去承受過程中的罪惡感或其他不適。這是妳能為自己許下的最重要誓言。

第十二章

決定妳現在想要的母女關係

「我終於覺得自己像個成年人了。」

妳已經改變了。

妳已經有辦法擁護自己的權利，並透過各種措施保護自己。妳為母女關係設下界線，也調整了回應母親的習慣。妳又是個完整的人了。

妳一定會繼續使用新的行為策略，並在過程中，逐漸確認母親是否願意尊重妳設下的限制、界線以及個人意願。她或許得花上一點時間接受妳是認真的，但每次妳明確表達意願並踩穩立場，都是在告訴她情況早已與之前不同。她得習慣新的日常。

如果妳的母親並非極端挑剔、充滿控制欲或自戀的類型，多半就能逐漸接受現實，也明白抗拒改變的代價過高，倘若還想維繫母女關係，就得把妳當作平等的成年人看待。不過，其他母親可能會覺得備受攻擊，無法忍受自己可能犯錯的事實，不但不會回頭檢視自己的無愛行為，更別提嘗試改變，甚至還會**變本加厲**。

想要改變關係，妳有以下四種可能的選擇，**但其中不包括保持現狀**。

一、妳可以繼續堅持使用非防禦性溝通技巧保護自己，並以此降低她無愛行為的頻率與程度。對於某些女兒而言，這麼做就夠了。

二、妳可以與她協商出更好的關係模式。妳必須再次表明妳的主張，與她共同決定作法，同時密切注意兩人後續的行為，以免重新落入舊有模式。一般而言，如果情況比較複雜，導致逐漸設置限制與界線的方法無效，妳才必須採取協商策略。

三、妳可以與母親保有我所謂的「茶會關係」。妳仍跟母親保持聯繫，但只維持表面關係，主動藏起所有可能被母親批評的弱點，不給她任何出手的機會。

四、妳可以完全與母親斷絕聯繫。

接下來，我們會討論以上四種選擇的可能執行方式。我會在本章先處理前三種，並在下一章處理最後一種。請記住，妳有權決定該如何進行：妳可以為關係設下詳細規則，也可以決定怎麼做**對妳最有利**。

第一種選擇：運用新技巧，強化新日常

經由發表立場聲明，蘿倫在糾纏的母女關係中，總算有了呼吸空間。她和母親的新界線連續幾個禮拜都維持得不錯，因此我們會面時，她的態度非常樂觀。

蘿倫說：「真不敢相信！我再也不需要每天傍晚五點向我媽報備了。有時候我甚至不記得有這回事。現在我只需要每週跟我媽講幾次電話，甚至會期待和她聊天。我也不是說一切都瞬間變得完美，但確實好多了。我也得隨時注意避免兩人陷入過往習慣，因為我知道我媽仍暗自期待我們能再次像連體嬰一樣親密。但我現在更能讓她知道自己能力有限，不可能達成她的所有期望。

「之前我打算辦一場小型晚宴，只邀幾位朋友，當我向我媽提起時，她因為沒有受邀而非常沮喪。我幾乎要脫口而出，『喔，好啦，妳就來吧！』但接著又想：『我在傻什麼？我明明不想要她來。』所以我就直說了。我以前不習慣老實說出自己的想法，但這次我說：『媽，我之前跟妳討論的就是這種情況，有時我只想獨自跟朋友相處。』我沒有道歉，就連她又開始說：『妳不愛我了嗎？』我也沒有屈服。其實很辛苦呀！但我只回答：『別傻了，媽。』然後我說：『我愛妳，媽，我得掛電話了。』就這樣。」

每次只要不帶一絲冷酷或汙辱地表達真實感受，妳就等於又成長了一些。蘿倫不再是那個因為滿心愧疚而總是唯唯諾諾的女兒——「好的，母親，妳當然可以一起來。」她反而迅速成為一個充滿自主力量的女性——「這才是我要的。」

我問她，要是以前發生的問題再次出現（例如母親沒有事先確認就買好音樂會的票，還指望她放下手邊的事情一起去），她現在會怎麼做？

她說：「我有想過這個問題。我打算說：『謝謝妳對我這麼大方，但我那天已經有別的計畫了，真的沒辦法去。』只要我記住不用時時刻刻都怨恨她的感受，以及能夠跟她說老實話的暢快心情，我想應該就能處理得不錯。現在我才意識到，我以前怕傷害她，所以一直在對她說謊，但這樣怎麼可能建立親密關係？我相信現在的我們有機會建立一種更好的關係。」

我很想說大多數案例都像蘿倫一樣成功，但現實往往相反。一旦母親的後續反應不佳，妳就必須採取其他策略。

第二種選擇：協商出更好的關係模式

對於本書提到的許多（或大多數）母親而言，無論女兒每天多麼堅定地表達立場，仍很難對母親造成影響。

控制狂及自戀的母親尤其會對女兒的立場聲明充耳不聞，還常表現出什麼事都沒發生的模樣；又或者她們信誓旦旦地表示會尊重妳的界線，也承諾改變，但全是為了之後捲土重來的拖延戰術（尤其自戀的母親因為愛面子，通常會為了維持形象配合一陣子，以表示她們真的努力過了）。如果遇到這種狀況，妳必須更正式地與母親協商妳的個人需求，而不只是循序漸進地要求她針對每個事件做出改變。

假如妳的母親有些非改變不可的問題，妳就得與她協商出一種更好的關係模式，尤其是下列的情況：

- 母親有未受治療的成癮或憂鬱問題，妳們的關係因此難以改善。
- 生活出現危機，妳必須立刻解決關係中具有破壞性的問題。
- 關係中曾出現受虐問題，無論是她對妳受虐的處境視而不見，或她本身就是施虐者，總之，妳得事先確認她是否願意負起責任。若她不願負起責任，對妳的幸福感會造成毀滅性的影響，妳可能完全無法與她維持任何形式的關係。

無論身處以上何種情境，妳都得讓母親知道：目前得解決的關鍵議題為何？妳希望她怎麼做？妳自己打算怎麼做？如果情況沒有改變，可能出現的後果又有哪些？這項協商能保護妳不受母親的無愛行為傷害，並能以妳所認定最健康的方式，與她保持關係。

此時處理的議題，通常事關重大，不是非常複雜，就是具有爭議性，因此請務必事先準備好協商細節，在與母親溝通時，才能保持清晰的思路與自信的態度，同時，記得冷靜地使用非防禦性溝通技巧。正如以下案例所示，妳可能在做出立場聲明時非常順利，因此有了獨自與母親協商的信心。但要是這件事使妳非常焦慮，請務必尋求諮商師的協助。此外，如果家族中曾出現肢體侵害或性侵害的問題，獨自進行協商不是個睿智的選擇。

．艾莉森：「我不想再當妳的母親了。」

在艾莉森的成長過程中，母親總是非常無助、沮喪，於是她被迫角色反轉，從小就得擔起「母親」的責任。現在她明白，自己之所以總想照顧男人，就是因為以前必須照顧母親，甚至得擔任她的婚姻諮商師。

艾莉森說：「就在這個禮拜，我媽和我爸吵架後打電話給我，但這次情況有了改變。她當時很沮喪，原來那天我爸下班後回家，發現她待在自己房內，桌上還沒有晚餐，情緒就失控了。他開始甩門、大聲開關抽屜，把廚房櫥櫃中的所有鍋碗瓢盆全掃出來，還大聲咒罵：『妳甚至還沒開始準備！』我可以想像場面一定很糟。

「我媽又開始那一套：『我該怎麼辦？我該怎麼辦？真不知道我還能忍多久。』我腦中出現的第一個念頭是：『我可以解決這件事。我現在比較堅強，也比較健康……完全知道該叫她怎麼做。』但立刻阻止自己。我深吸了一口氣，告訴她，『媽，妳打從婚後就一直在受爸欺負，妳明明早知道該怎麼做，也知道該如何讓情勢有所改變，卻選擇把所有不快樂的情緒轉嫁到我身上。老實說，我不想再接收這些情緒了。』

「她開始哭，我覺得自己彷彿犯下了重罪，好想立刻打回去勸她離開爸。我之前早就勸過一百萬次了吧！但接著我想：『我到底在想什麼？我這輩子都在做同樣的事，卻從未得到好結果。』妳聽說過吧，人們常說失去理智的定義之一，就是不停做一模一樣的事情，卻指望得到不同的結果……我是不是也失去理智了？」

我向艾莉森保證，她的情況完全稱不上失去理智，而且她有選擇保護自己，這樣很好。她只是更意識到自己的內在設定：她得擔任那個負責收拾殘局、解決問題和照顧家人的人，而且還是母女關係中唯一的成年人。不過，現在她得終結這些反射性的習慣。

「我知道，蘇珊，我不能老是擔任照顧她的角色，我不是她媽。她得照顧她自己，也得接受治療，不能什麼都靠我。」她說。

不過，艾莉森確實**可以**堅持要求母親尋求必要的協助。我也建議，如果母親想維繫母女關係，條件就是接受治療。在她的憂鬱或成癮問題受到控制之前，妳面對的都只是疾病，而不是藏在疾病背後的那個人。她必須尋求幫助，才可能決定身為母親的自己，想在妳的生命中扮演什麼角色。如果母親不願踏出這一步，妳就無法以健康的方式與她建立關係。

妳不能持續拯救一個不願接受治療的人。這點絕對不能讓步。

假如母親拒絕接受治療，請記住：

- 為了追求更健康的關係而設定條件，不算背叛。
- 拯救自己，不算背叛。
- 保持距離，不算背叛。

這些都是健全成年人在面對有害處境時的正常反應。

我要求艾莉森跟我事先演練打算對母親說的話，她立刻滔滔不絕地說了起來。

「我想說，媽，我再也不想當妳的母親了。我不想再為妳解決人生所有的疑難雜症……我想讓妳知道，跟妳通電話很開心，但只要妳開始抱怨生活或婚姻，我就會改變話題或掛電話。我希望妳能有心理準備……現在，請妳仔細聽我說，這很重要：如果想維持這段母女關係，我的條件是妳得去找醫生處理憂鬱的問題。我很願意陪妳一起去，但妳一定得接受治療，以確保憂鬱的症狀受到控制。妳願意嗎？」

幾天後，艾莉森興奮地打電話給我。

「真是鬆了一口氣呀！蘇珊。我做到了！我找了一天傍晚回老家，當時我爸還沒下班，我媽穿著一套舊家居服在看電視，臉上沒化妝。我說：『媽，我得跟妳談談，但我希望妳去梳洗一下，化點妝，穿好衣服，我們再來談。』我在廚房裡煮了咖啡，然後告訴她，我不可能為了她而活，她得想辦法照顧自己，特別是必須處理憂鬱的狀況。她說：『我知道那是個問題，但真的不曉得該怎麼辦。』

「我說：『我想幫助妳走出憂鬱，媽，但妳也有必須努力的地方。』她捏捏我的手，『我願意，小親親，我知道我太依賴妳了。』然後她竟然說了：『謝謝妳。』完全出乎我的意料之外。我不知道自己從前為何沒膽跟她討論這些事。我真的對未來充滿希望。」

她的希望並非空穴來風，畢竟這是母親第一次保證願意接受專業協助。這項改變雖然很小，但極為重要，因為她不再表現得全然無助，而是願意為自己負起一點責任。

・史戴西：「情況得立刻有所改變。」

如果母親掌握了關係中大半的權力，妳一定不敢跟她起衝突，就算與她協商並達成了共識，過程中也勢必得處理強烈的恐懼及疑慮。

史戴西亟需改變與母親之間的糾纏關係，但她目前面對的情況正是如此。她母親住在離她不遠處，空閒時幾乎都賴在她家。史戴西的丈夫布蘭特已經下了最後通牒，表示他「可沒計畫跟兩個女人結婚——妳得**立刻**想辦法改善現況！」而時間所剩不多了。（我們曾在第三章〈過度糾纏的母親〉討論過史戴西的故事。）

布蘭特和史戴西在經濟上非常依賴史戴西的母親，他們住的那棟房子正是她買的，目前是以非常低廉的金額承租，她還會幫忙照顧放學後的小孩。因此，光想到必須與母親協商，史戴西就因為生存受到威脅而感覺恐懼。

「之前都還好，我是指設定界線這件事……我表示她不該看我們的信，她確實也沒再這麼做了。不過要求她……再也不能不請自來……我知道自己應該這麼做……但真的好怕。可是若不跟我媽談，我一定會失去布蘭特。我現在只要想到這件事就會心悸。」史戴西說。

我告訴史戴西，若想減輕恐懼，最好先把想像力與情緒能量轉移到別處。目前她想的都是沒成功的後果，那還不如把精力拿來練習現場要說的話。為了能夠有自信地將需求化為言語，最好的方法就是寫好講稿，大聲朗讀出來，直到有辦法自在地講述為止。

我說：「我知道這很難，讓我幫妳找出一些比較不尷尬的說法，畢竟我和妳母親沒有情緒糾葛，思考起來比較客觀。妳母親必須明白的是，她不可能再把妳家當作自己家，也不能擅自認定能在此為所欲為。她沒有尊重妳是一個獨立個體，而且是一個已有伴侶的成年人，而唯一能讓她理解的方式就是告訴她。妳或許得做些筆記，才有辦法寫出講稿，並在仔細推敲後背下來。有了講稿之後，妳才知道在焦慮及沮喪時還能說些什麼。

「妳可以說：『媽，我很感激妳為我們做的一切，但目前的安排真的行不通，也對我的婚姻造成了傷害。根據布蘭特的說法，他可沒計畫跟兩個女人結婚，也就是妳和我。我也沒料到我們的生活會變得像三劍客一樣。所以，最近我想了很多，現在打算讓妳知道，我覺得哪些行為沒問題，而哪些行為必須停止。

「『我知道妳一定會覺得受傷，但我夾在妳和布蘭特中間，實在很不快樂。我很關心妳，但我們的生活不能再如此緊密交纏。我們的連結太密切了，這對我們兩人都不健康。

「『之前我一直沒提起，是不想傷害妳的情感，但現在布蘭特開口了，如果情況再不改變，他打算離開我。正因為我始終隱瞞自己對眼前處境的感受，結果才會造成這麼大的傷害。我們必須擁有完全獨立的生活。妳始終都沒有接受一個現實：我活在這個世界上不是為了陪伴妳。如果妳能理解這件事，生活各方面也能有所改善，比如說，妳明明是一位聰明又擁有工作專業的女性，真的不用替我們當保母。』」

我暫停下來提醒史戴西，她可以和善有禮地表達自己，但不必道歉或為自己辯解。協商初期的重點在於點出事實，而非提出指控，接下來才是做出立場聲明，其中包括「我願意……我不願意……我希望妳……」等內容。

我告訴她，所謂立場聲明大概像是這樣：

「我們很樂意在有空時邀請妳來共進晚餐，頻率大約一週一次，又或者每兩週一次，但絕不可能每晚一起，媽。布蘭特和我自從婚後幾乎沒什麼時間獨處。情況必須有所改變。

「妳不可以再批評我的丈夫，不能想來就來，或想待多久就待多久。如果電視上播了我們都想看的特別節目，那妳可以來，但節目結束後，妳就得離開。我們不是三劍客。

「我真的很感謝妳幫忙帶孩子，但他們現在上學的時間比較長了，我會想辦法減少在布蘭特公司上班的時間，回家自己顧小孩，或者找其他人來幫忙帶。我也得把房子的鑰匙拿回來。我一直都太依賴妳了，妳也太依賴我了。我是一個擁有家庭的健康成年人，不需要妳一天到晚在一旁看顧。妳也得發展屬於自己的社交活動與交友圈。」

史戴西計畫在下次會面前跟母親進行這場對話，也確實在隔週向我回報了協商結果。她說：「我媽一開始真的很氣，反應大約就是：『真不敢相信妳會說出這種話。妳到底是怎麼了？我為妳做了這麼多，又一起經歷了一切，妳竟然乖乖聽丈夫的話來找我麻煩。』我的心跳得好大聲，但還是深呼吸後繼續說：『妳不可以這樣跟我說話，媽，我是個成年人了，這是我的要求，不是布蘭特的要求。是我希望情況有所改變。』

「她看著我，臉上血色盡失，好像被我揍了肚子一拳那般痛苦又洩氣。然後她說：『我做了什麼嗎？我只是想幫忙而已。』堅持立場真的很難，我只能反覆地講：『這就是我想要的，媽，情況必須有所改變。』最後她說：『我無法想像沒有妳的人生。』我說：『我們沒有在討論這件事，媽，我們在討論的是如何建立一段成熟的成年母女關係。我現在已經有伴侶了，我知道妳希望我永遠都是妳的人生伴侶，但那是不可能的。』

「她看起來非常驚訝，然後說：『所以妳也不會再讓我見妳的小孩嗎？』我說：『當然不是這個意思。』這是我人生做過最困難的要求了，但我還是硬著頭皮開口，『不過媽，我覺得妳最好還是把鑰匙還我。』她把鑰匙掏出來時，我們兩人都在哭，然後她只說：『我得走了。』感覺真的好糟糕，我這輩子沒有如此內疚過……不過有趣的是，我知道自己一定得立刻把結果告訴布蘭特，所以打電話給他。他說：『親愛的，我好愛妳，也以妳為傲。我就知道妳做得到。』他聽起來如釋重負，而且生平第一次，我相信我們兩個一定能好好保護屬於我們的家庭。我知道我媽很不高興，但我相信自己有能力處理，畢竟我是跟布蘭特結婚，不是跟她結婚。說不定她也能藉此把注意力從我們身上移開，去開展屬於自己的人生。」

於是，透過實際作為，史戴西強化了她本人以及這段婚姻的強韌度。

不過請記住，一旦對方氣到失去理性，還不停以言語羞辱或激烈攻擊妳，此時溝通毫無效果可言。截至目前為止，如果母親面對妳的所有努力都表現出強烈反彈，代表她仍未打算開啟協商管道。假如她確實願意聆聽，但妳擔心無法冷靜、清晰地表達論點，可以選擇以我為史戴西擬稿的方式寫一封信。開頭先陳述事實，不做指控也不道歉，接著再列出妳的立場聲明。如有疑慮，也可尋求諮商師協助。

・凱西：「妳得承認在我的受虐經驗中扮演的角色。」

凱西的療程已到了尾聲。她非常努力，也進行了所有必要的作業與練習。她非常想讓自己好起來，也想治好兒時受到性侵所留下的創傷，而成果確實令人滿意。現在的她，完全不像一開始來求診時那麼退縮又憂心忡忡。她的丈夫與小孩也因為她的改變而受益。

她說：「我還有一件事得做。我一直有和我媽透過電郵和電話保持聯絡，但兩人始終對最大的問題視而不見。現在我的心智比較強壯了，想再嘗試一次，看看是否能從廢墟中挖出什麼寶物。我知道她也為此感到傷痛，而且持續多年。我們從未談過她在我的受虐經驗中扮演的角色。我可以把她帶來嗎？妳願意與我們兩人會面嗎？」

我認為這是一個好主意，但也提醒她期待不要太高。如果母親願意來，凱西就有機會清楚地了解，她們母女是否有辦法擁有更親密的關係，但母親可能拒絕；就算真的來了，母親也可能因為防衛心太重，而無法給出任何有用的資訊。凱西表示願意處理這些後果，無論如何都想一試。

她決定寫信給目前定居於美國中西部的母親，寄出之前先給了我一份複本。以下是信件節錄：

親愛的媽：

我的諮商療程快結束了，如果妳願意，現在可以幫我一個大忙。我需要妳至少來陪我諮商一次，看看能否為我們的過往去蕪存菁，進一步改善兩人的關係。我愛妳，媽，也希望兩人都能過得更好。請來加州一趟，我們可以跟諮商師來一場「真相大白」的會面。她會幫助我們重新走上正軌，再也不用活在受害者的角色裡。我需要妳來，也相信妳比自己想像的更需要幫助。妳可以趁這次機會為我做些好事。期待妳的回信。

心懷盼望的凱西

凱西的母親安卓雅回信表示願意下週前來。到了約定當日，凱西將剛抵達加州的母親，從機場接來我的辦公室。

安卓雅長得很好看，打扮整潔，年紀大約六十出頭，周身散發一股憂傷的氣息。她表示因為接下來可能發生的狀況而感到緊張，但願意盡其所能地幫助女兒。我向她保證，這不是一次「集中火力攻擊安卓雅」的會面，也感謝她願意前來。我已經與凱西演練過這次要說的話，也確認她做好了準備，所以要求她開啟談話。

凱西開門見山地提起曾受性侵的過往，多年來也因未受保護而憤怒，同時非常需要母親承認曾經發生過的事。她極為勇敢、直率，也清楚表達出對母親的需求。以下是她說的其中一段話：

「我在接受諮商時，寫過好幾封沒寄出的信，其中對妳表達了比之前更多的怒氣。不停受到侵害的人會變得很生氣，尤其對一個無辜的孩子而言，妳的情緒和身體被殘酷對待，卻找不到任何合理的解釋。我一直沒有好好對妳表達內心感受，但那些怒氣仍然存在。

「事實是，在爸爸對我做了那麼多可怕的事情之後，妳選擇保護他，成為他的共犯。我猜妳始終都明白，也為此感到愧疚，如果換作我一定也會有罪惡感。他是一個罪犯，但妳為他掩護、說謊，還把頭埋進沙子裡不聞不問，所以他從未付出應有的代價。妳選擇保護他，當然也是為了保護妳自己，因為只要事情不被揭穿，根據妳的說法，妳就不用處理為他回應外界質疑的尷尬場面。

「比起保護我，妳更怕丟臉。我根本無法做一個普通的小女孩，妳也沒機會見到那樣子的我。妳錯過太多了，媽，就因為恐懼占據了妳的人生，我沒機會享受一般人擁有的童年。

「我希望妳為此負起責任，媽。我對父親的感受只有輕蔑，但我相信，如果妳能負起責任，我們至少能以此為基礎，重建母女關係。因為即使發生過這麼多糟糕的事，我還是愛妳，媽。我希望我們兩人都能好起來。」

安卓雅安靜地低頭聆聽，放在大腿上的雙手緊握。我告訴她，我知道面對這一切很困難，也問她有什麼想要回應女兒的話。

安卓雅說：「妳受過這麼多傷，無論我說什麼都無法彌補。我以為我已經盡力保護妳了，但我太害怕，也不相信他會做出那種事，內心充滿不確定。我不知道該怎麼做，所以什麼也沒做。我……我讓他傷害妳。這麼多年過去了……我還是無法成為一個堅強的人。「我現在才發現自己很容易受外人影響。我真令自己作嘔。我猜我之前是害怕大家得知真相——大家一定會笑我們……結果卻只是傷害了妳。關於這點，我無法原諒自己。我很抱歉，親愛的，我不知道該如何表達我的歉意。我好像在胡言亂語……我愛妳，凱西，母親的責任就是保護孩子，而我真的沒做好。發生在妳身上的一切不是妳的錯，這話出自真心，請相信我。我不知道妳能不能原諒我，親愛的。任由他傷害妳是我這輩子做過最糟的事，我每天都為此感到內疚，自我價值與自尊也因此所剩無幾。我真的很抱歉……」

此時，凱西和安卓雅都哭了起來，我也忍不住熱淚盈眶。這段話對凱西很有意義，因為安卓雅不只是說「我是個壞母親」，而是明確指出自己的作為，並負起相應責任。這個和解的過程對安卓雅很重要，對凱西更是重要，因為母親終於親口證實之前的事不是她的錯。於是，因為安卓雅願意把話說清楚，凱西終於能從長久以來糾結的疑慮與罪惡感中逐漸解放出來。雖然建立關係並非一蹴可幾，但至少她們兩人現在有機會進行真誠無偽的交流。

這些年來，曾有許多母親在我面前與女兒和解，但我很驚訝凱西的母親能做到這個地步。有時候我們或許對母親不抱期望，畢竟她們被罪惡感吞噬太久，通常不願回顧黑暗過往，卻仍可能發現意想不到的結果。如果妳不去嘗試，就永遠不會知道結果。

若妳曾在肢體或性方面遭受虐待，想知道能否重建母女關係，請務必尋求諮商師的協助。就像凱西的例子一樣，妳的母親必須先負起責任，也得獨自（或者與妳一同）接受幾次諮商。

我想告訴妳：妳絕對有辦法克服性侵的陰影。我曾幫助數百名女性（及男性）克服這項創傷。透過良好、積極的治療，再加上他人的同理心陪伴，無論妳的母親之前表現得多糟糕，妳也一樣能痊癒。妳或許能與母親重新建立親密關係，當然也可能失敗，但最重要的是，妳確實用盡了各種努力去理解自己，去愛自己。

第三種選擇：茶會關係

如果妳的母親抗拒任何改變，甚至不願進行任何折衷的嘗試，有一種能與她保持聯繫，又不至於傷害自己的作法，我將其稱為「茶會關係」。那是一種徹底的表面關係。雖然妳持續跟她見面，但不給她傷害或批評妳的機會，當然也無法在她面前展露脆弱的一面。

許多女兒最後都選擇了這種方式，因為能夠在不與母親切斷關係的同時，保護自己，精心安排的互動也少了過往令人痛苦的成分。她們相信如果受情勢所迫，一段安全的人工關係總好過毫無關係。

珍恩的母親有時支持她追求剛起飛的演戲事業，有時卻又透過批評，不停地打擊她的自信，甚至跟她搶鋒頭，不過珍恩仍努力想與那位偶爾出現的「好母親」重新取得聯繫。（我們在第二章〈嚴重自戀的母親〉討論過她的故事。）然而，就算設立了再多界線，珍恩仍無法完全避開母親挑剔又好勝的習慣。

珍恩說：「情況有好轉一些，但我猜，我媽的個性不可能改變太多。她就是有張刀子嘴，我永遠搞不清楚她何時會進行攻擊。當我說再也不願意接受她的批評時，她看著我，點點頭，『我了解了。』但接著又故技重施。我給她看了工作現場的一張照片，她卻只說出，『真不錯，親愛的，對了，妳的頭髮顏色要是淡一點會好看很多。』說真的，她的嘴應該註冊，因為根本是致命武器。但她的個性就是這樣，我想她永遠都不可能改了。

「我知道，妳會說我該離她遠一點，但我就是還沒準備好完全和她斷絕關係。她是我媽媽啊！我腦中還有許多快樂的母女回憶。她其實可以是個很好的人。」

我表示可以理解她想和母親保持關係的渴望，但仍強烈建議她與母親拉開距離，同時減少母親參與自己人生的程度。

「不要跟她討論妳最近打算爭取的角色，也別談妳的希望及夢想，」我告訴她，「不要邀請她觀賞妳的任何演出，妳也知道她有多愛搶鋒頭。跟她聊一些比較無關緊要的話題，例如最近看的電影、書或天氣。別讓她知道妳的太多近況，以免她為了讓自己覺得高人一等，借題打擊妳的自信。妳現在有嚴重的自尊心問題，實在不需要母親跑來火上加油。」

妳不需要仰賴諮商師幫助，就能與母親維持這種「茶會關係」，但仍得提醒自己保持戒心，立場也得堅定。一旦對話可能觸及敏感內容，也就是妳最在意的那些話題，以及她可能反射性出言批評的生活細節，妳就得主動轉移焦點。這種關係有點像擊劍，她一出手，妳就要立刻阻擋，彷彿是一支為了保持安全距離而編排的舞步。

假如母親打電話來問：「妳好嗎？妳在工作嗎？最近有去試鏡嗎？」珍恩得負責轉移話題，「我很好，媽，妳有看ＨＢＯ昨晚播的那部電影嗎？真的很棒！」因為珍恩的母親非常自戀，好勝心又強，這類話題通常能立刻讓她聊起自己的事。

【茶會關係的回應策略】

如果妳選擇維持這種關係，減少她參與妳人生的程度，勢必也要準備好接受母親一連串的「為什麼」轟炸：

・為什麼妳變得這麼奇怪？
・為什麼我們不能再談心了？
・為什麼妳不再跟我分享生活？
・為什麼妳變得這麼封閉？

妳可以回答：

・我只是在忙自己的事。媽，**妳**最近又在做些什麼呢？
・我還沒準備好討論那些，或許之後吧。
・我很好，媽，**妳**最近又過得如何？

為了避免母親進一步刺探，也為了不讓她有攻擊的目標，妳必須學會迂迴閃避，並發揮創意變出許多新話題，就算被突襲或激怒時，也要堅定立場。

珍恩說：「我現在知道實際執行起來並不容易。我本來以為討論一部看過的電影很安全，是很中性的話題，但才剛提起，她就說：『妳應該去演那部才對。為什麼妳的爛經紀人沒為妳爭取到那個女兒的角色？』我一時語塞，但後來馬上重振旗鼓，『對了，最近我讀了一本書，妳應該會喜歡。』真的是一秒鐘也不能放鬆。」

面對理應愛我們的人，我們通常不會選擇以這種方式互動，妳可能也會覺得這種關係很虛偽。但如果妳的無愛母親並不算過度好戰，也沒有過度言語凌辱的習慣，再加上妳仍未準備好或不願剪斷兩人之間的情感臍帶，茶會關係確實是一種選項。妳會因為主動採取自保手段而充滿力量，這種力量也有助於改變現況。若茶會關係是眼下最合適的選擇，千萬別將其視為一種懦弱的表示。這世上還有許多女性不願與無愛母親脫離關係，她們常因為這個折衷選項，得以保有自身的完整性，也因而鬆了一口氣。有些時候，茶會關係可能是最健康的選擇。

第十三章

最困難的決定

「我得在母親及我的幸福之間，做出抉擇。」

沒有人能立刻讓母親出現改善母女關係的意願。有些母親的防衛機制很強，隨之而來的無愛行為更可能令人感覺不像個母親。當這種情況發生時，有些女兒擁有與母親保持距離的技巧和意願，並因此成功地與母親維持表面關係。

不過，也有女兒發現，光靠茶會關係阻隔不了母親的控制欲、批判攻擊或黏膩糾纏。因此，她們只剩最後一個選項：與母親斷絕聯繫。

這是一個極為困難的決定。這些女兒通常試過各種努力，學習各種溝通技巧，同時努力尋找母親行為可能改善的蛛絲馬跡。一旦發現再也沒有成功的希望，面對母親所有腐蝕自己人生的有害行為，她們只能選擇終結關係，但內心往往極為痛苦。

對一個女兒來說，與母親切斷聯繫是人生最艱困的決定之一，甚至可能是其中**最困難的**。但對於早已疲憊不堪又無路可退的女兒而言，這條道路，可能通往她們渴望已久的健全人生。在本章中，我將詳述之前如何帶領個案凱倫做下這個艱難決定。我不建議妳在缺乏專業協助時做出這個決定，如果真考慮與母親斷絕聯繫，請找一位能主動引導妳的諮商師，對方必須能幫助妳確立目標，還得在妳切斷關係及後續重建生活的過程中，確保一切順利。

斷絕關係：無路可退的終極手段

斷絕關係是最後的殺手鐗。但是當女兒再也無法為母親的行為找到藉口，無法沉浸於「從此過著幸福快樂的生活」的母女幻夢，就連能否平安度過下一次互動都沒了信心，也只能選擇走上這條路。

凱倫的母親激烈反對她跟未婚夫丹尼爾結婚。她努力設下界線，希望能阻止母親汙辱、攻擊她的這段感情，但即便堅定提出立場聲明及尋求改變的非防禦性要求，母親仍充耳不聞。

凱倫說：「我又接到我媽的一通電話。我真的不能再聽她這樣汙辱丹尼爾，所以一直與她保持距離。我什麼方法都試過了。我以為可以和她維持茶會關係，但她只想一直強調丹尼爾毀掉我人生。怎麼做都沒用，蘇珊，真的沒用。她還說我的立場聲明是『心理學的胡言亂語』，但再慘都比不上我今天的遭遇。我聽妳的建議寫了封信給她，希望協商出更理想的關係模式，我對她說，如果我們還想維持關係，就不要再討論丹尼爾這個話題。我也提到如果她不去接受諮商，我就不會再跟她聯絡。

「我很快就得到答覆了。她今早打給我，我才接起電話，她就立刻開始對我大吼：『我沒病，有病的是**妳**！如果不是那個外人介入我們的生活，一切本來都很好！』我在她繼續說下去之前就掛斷了，但感覺還是很糟。我現在該怎麼辦？」

妳可能已在提出條件時，就準備好面對母親的負面反應，但真正面對的那一刻，仍不免感到煩亂或震驚。畢竟母親的負面回應等於是說：「不，我完全不打算屈服，就算知道會傷害妳也一樣。」無論妳之前如何逃避問題，選擇相信她還有一點尊重妳需求的可能，一旦得到這種回應，也只得被迫面對嚴峻的現實。

我問凱倫，她打算怎麼做。

她說：「我一直不相信真的會走到這一步，蘇珊……但如果她不改變——她到目前為止真的一點也沒改變——那我和丹尼爾的關係就毀了……我已經走投無路了。她總是在控制、羞辱我，我真的覺得沒辦法繼續跟她相處下去了。」

凱倫已經做出了結論：只要繼續和母親來往，她就不可能擁有理想人生。當無愛母親的女兒落入凱倫的處境時，等於被迫在母親與自己的幸福之間做出抉擇，而為了擁有健全人生，她勢必得選擇後者。

一旦做下了這個重大決定，接下來就是要展現她的堅韌、獨立與說到做到的決心——不只向母親證明，也得向自己證明。她得不停地提醒自己：「我是一個堅強獨立的女性，而不是沒有母親就無法存活的無助小孩。」這也代表她得放下之前緊抓不放的「要是我……」、「但願我……」或「只要我夠好，她就會愛我」的各種渴盼，或曾經存在於腦中的任何幻想。

「妳該一勞永逸地把那些讓妳耗損的幻想拋在腦後，」我告訴凱倫，「它們對妳毫無益處。」

・告知母親：讓我們到此為止

如果要將斷絕聯繫的決定告知母親，最好的方法就是寫一封簡短、直接的信。此時不適合用來重提往日傷痛、詢問問題，或要求道歉。這封信的目的非常簡單，就是讓她知道妳們無法再維繫這種關係，因此，內容措辭必須簡潔，不帶任何防禦性，最好也不要超過兩個段落。

我建議凱倫遵循以下的模式，架構信件內容：

「媽，仔細思考之後，為了維護自己的最佳利益，我決定不再跟妳聯絡，也就是不講電話、不寫信、不通電郵，也不再互相拜訪。此後我不打算再與妳來往，請尊重我的決定。」

請務必避免重複書寫同樣的訊息，以免讓母親有機可乘。凱倫必須清楚地表達意願，不留任何足以曖昧的空間，母親才會把她的決定當一回事。

我告訴凱倫，這不是一個適合當面溝通的話題，畢竟當初只要母親稍微願尊重她的意願，甚至只要願聆聽，關係就不用走到這一步。在處理這類議題時，女兒必須冷靜、專注表達自己的意願，而最好的方法就是透過文字。我會要求個案手寫這封信後寄出，而非透過電郵，因為母親必須看到女兒的手寫字，才會意識到這不是來自某個匿名機器的罐頭訊息。

最後，我建議她不要透過電話告知母親，因為母親可能不等她說完就掛掉電話，或者直接進行言語轟炸。

凱倫的信件內容大致遵循我以上的範例，但仍是幾經掙扎後，才終於寫定。

她說：「一開始我寫了很多有的沒的，像是：『我只是希望妳能稍微妥協一點，我知道只要妳了解丹尼爾的好，我們就能相處得很好。』我不停懇求，不停拜託她再想想。不過老實說，寫完後真的感覺很悲傷，因為在重讀草稿時，我才意識到這些年來曾求過她好多事，但幾乎沒有得到任何回應。」

她的眼眶湧起淚水，深呼吸後才有辦法繼續講下去。

「我想起妳說要把信寫得簡潔明瞭，所以最後只跟她說我們不聯絡了。把自己的想法直接講出來感覺很好，因為老實說，我知道她不相信我有膽子這麼做。」

凱倫把信的內容讀給我聽，我說她表現得很好。許多女兒在寫信與母親斷絕聯絡時，總會表示被憂傷、失望、對後果的恐懼、自我質疑，及強大的失落感所淹沒，其中最嚴重的是對於自己的作為出現強烈罪惡感。但凱倫沒有因此逃避，仍努力把信寫好。現在的她只能等待無可避免的衝突發生，同時想辦法控制住這些情緒心魔。

凱倫問：「所以……我就是把信寄出去，然後等待一切爆發？」

我說：「妳就把心思放在丹尼爾和其他真正愛妳的人身上，繼續規劃婚禮，然後體會一下不用每天處理母親的負面能量是什麼感覺。」

她說：「聽起來很令人期待，不過感覺好像……太決絕了？我知道自己已經試過各種方法，我真的**非常清楚**，但之後應該會有一陣子不太好過。我知道我媽那邊的親戚一定會氣瘋，我在把信讀給妳聽時，內心的罪惡感更是前所未有地強烈。我擔心的倒不是我媽，而是其他人……」

・驅除罪惡感

在幫助凱倫面對親戚的反應並擬定策略之前，我得先幫助她從恐懼中冷靜下來。她才剛做出重大決定，會有罪惡感很正常。許多女兒深信自己無權與母親斷絕關係，畢竟大多數的人相信說母親的壞話是禁忌，更別提斷絕關係了，就算母親的作為極度妨礙女兒的幸福也一樣。於是，她們往往因為挑戰現狀而極度內疚，再加上採取的行動打從根柢動搖了家庭的概念，甚至是在考量個人利益後拒絕為了他人期待而犧牲。不過，或許最令她們內疚的是，面對無法愛孩子甚至不願嘗試改變的母親，是**她們**選擇說出「夠了」並切斷關係。

為了處理這些堆積如山的罪惡感，我知道最好的方法就是把罪惡感拉到陽光下對質。我要求凱倫找出一個代表內心罪咎與焦慮的「怪獸」圖案，然後讓那隻怪獸明白：牠再也無法干涉自己的生活。

我建議她可以透過網路找圖後列印出來，或者直接從雜誌上撕下來。她在《國家地理雜誌》上，找到了一隻畫在古地圖角落的守護海怪。

她把海怪放在自己面前，盯著一陣子後才開口。

面對著自己的罪惡感，她說：「我不太清楚為何妳會在我的人生徘徊不去，但我現在希望妳滾出去。我不再需要妳了，也不打算繼續滿足妳。妳總讓我做出會侵害自尊和個體完整性的事情。

「妳總是讓我心懷恐懼。我怕不小心做錯事、怕追求自己的渴望，也怕了解真正的自我。我只是為了擁有獨立人生採取必要措施，妳卻讓我備受折磨。我花太多時間滿足妳、討好妳，甚至成為妳想要的樣子。但一切都該結束了！

「我只需要自己的認可。我必須學會喜歡自己，也要接受自己的需求。我可以選擇讓誰參與或離開我的人生，也能決定想要怎麼過活。**我**才是掌控這一切的人，不是妳。

「我的選擇是為自己好，妳不能妖魔化我的選擇。

「慢走不送！」

接著她對我說：「哇，我自己都嚇了一跳。沒想到我可以這麼有決心。」

當這些女兒坐下來，向罪惡感宣告不再受其控制，通常都會感到內心湧起一股力量。

透過這項儀式，她們也等於在向自己的無意識喊話，確認自己不再受情緒心魔箝制。

．應付親友反應的策略

凱倫的阿姨和表親一直都很支持她，而她最怕的莫過於失去他們。她跟許多女性一樣，不只擔心與母親斷絕關係的後果，也擔心成為其他親戚的拒絕往來戶。她的個人行為有可能顛覆整個家族的和諧，光是想像起來就很嚇人。

「我不知道該怎麼做。我要怎麼告訴他們？我該說什麼……」

我告訴她，她不用擔心知會親戚的問題，她母親大概已經告訴所有人了。無愛母親很可能在這種情境下拉響警報，要求大家和她一起，譴責女兒做出了許多人口中的「病態決定」或「無法無天的行為」。

她說：「老天，整個家族一定會一起攻擊我。真不知道我阿姨會有什麼反應。我知道有些人一定會氣到跳腳。」

我建議她準備好面對各種反應，說不定也可能獲得意想不到的支持。

「妳無法預先確知大家會如何反應，」我告訴她，「但請記住，真正愛妳的人會支持妳保護自己的權益。如果有人反對，妳也可以用非防禦性溝通技巧回應。」

許多女兒會在此時接到親戚的電話，要求她們向母親道歉，甚至可能對女兒的作為大肆批評。如果是一個信仰虔誠的家庭，親戚可能以各種言詞強調「孝敬妳的母親」這項傳統美德。他們可能會怪妳撕裂家庭，還會說出「妳讓母親心碎了，她每天都哭著睡著」之類的話。

我總會提醒個案不用接受這些道德轟炸，也不需要乖乖聽訓。她們忍受的已經夠多了。我的建議是使用之前學的溝通技巧回應，或直接運用穩當的非防禦性回應，像是「我了解妳的看法」或「妳有權發表妳的意見」。我也建議可以這麼說：

- 這是我和我媽之間的問題。
- 我沒有打算討論這個話題。
- 這是我的決定，沒得商量。
- 我不討論這個話題。如果妳想繼續聊，我們得換個主題。
- 我知道妳很關心，但我不想討論。

這些女兒不用事先諮詢每位姑嫂叔伯後做下決定，但確實該個別知會核心家庭中的所有成員，比如還保有聯繫的父親或手足。妳必須讓他們知道，為了確保自己的情緒健康，妳決定採取這項手段。妳無法控制他們的反應，我總會這麼告訴個案，但妳可以讓他們知道不必選邊站。

凱倫問：「如果遇上家族聚會呢？生日派對或者聖誕節之類的？我得先打電話確認母

親是否出席嗎？」

我說：「不如選擇完全不出席？我知道很難，但我認為與母親共處一室會更難，可能引發所有妳試圖擺脫的舊有行為模式。

「記住，妳正打算建立新生活，必須劃清界線，過程中或許沒有很多人陪妳，但留下來的人對妳才有幫助，不會造成任何危害。」

凱倫決定為寄出這封信小小慶祝一下，也邀請了未婚夫丹尼爾一起。

她說：「他抱住我，再次說他愛我，也為我的決定感到驕傲。我哭了。我本來以為已經不再為此感到哀傷，但我猜還得花上一點時間吧！不過，我現在確實覺得和丹尼爾更親密了。情況真的有改善。」

信寄出幾個星期後，凱倫確實一如預料地接到幾位親戚的抱怨電話，也有人當面向她表達不滿。但不是每個人都因此心懷疑慮或不滿。

她說：「梅格阿姨是我媽的妹妹，之前我最擔心的就是她。沒想到某次我們共進午餐，我對她說做了這個決定，令人驚訝的是，她只是抱住我說：『我完全了解，親愛的，妳媽就是個瘋婆子。』我忍不住笑了。我可是已經好久沒笑了呀！我知道梅格阿姨會繼續支持我，她向來如此。要堅持下去並不容易，但她真的愛我，確認這點令我好安慰。她甚至表示願意在婚禮上擔任家長代表。」

與母親斷絕關係並不代表「從此過著幸福快樂的生活」。確實，我的許多個案都因此鬆了一口氣，也表示為自己感到驕傲，但幾乎每個人都得先走過自我質疑和罪惡感的泥淖，心情在過程中起伏跌宕也是常有的事。

凱倫的妹妹就特別激烈地抨擊她：「任由那個男人拆散我們的家庭，還擊潰我們的母親。」

凱倫的意志差點被動搖。

「我知道我做了正確的事，但看到大家因此難受，我的情緒也很糟。會不會他們才是對的，其實我正在犯下此生最大的錯誤？我聽到腦中有聲音這麼自問。我知道事情不是這樣，但情緒起伏還是很大。我成為那個丟下母親的人，那種感覺有時還是很糟。」

我向凱倫保證，情況一定會改善。「妳得記住，妳這麼做是在照顧妳的自尊和完整性。堅持下去的結果一定值得。」我告訴她，「難道妳要回去過以前的生活嗎？為了安撫妳妹和家中其他親戚，妳就要繼續每天聽她批評妳和丹尼爾？妳沒有辦法改變母親，但可以改變自己。妳目前做得很好，而改變也是妳唯一的選擇。這些馬後砲般的批評會愈來愈少。時間是妳現在最好的朋友。妳不會立刻感到舒適自在，但會好起來的，慢慢地。」

我提醒她，所謂家人不只是靠血緣定義。透過這次經驗，她會發現許多真正的家人：

正因為這些人確實愛她、尊敬她，也看重她，才會選擇此刻留在她身邊。

她說：「對，妳說得對。丹尼爾的家人一直對我很好，我簡直像他們的養女。」

「看吧，妳確實擁有家人。妳和丹尼爾也會建立一個家庭。」我說。

一旦女兒決意與母親斷絕關係，得花上一點時間等家族中的混亂情勢塵埃落定。我總是要求個案確認身邊擁有足夠的情感支援系統，除了諮商師之外，當她們在面對壓力與敵意而感到軟弱時，還得有親友提醒她們堅持下去的重要性。「妳還會哀傷一陣子，也得想辦法控制自己的內疚與不安，但在此同時，妳也能感覺到，健康的新生活已經開始悄悄地在妳腳下扎根了。」

第十四章

老、病及孤獨：突然變得依賴的母親

「我得陪在她身邊，畢竟她還是我媽。」

為了治療沒有得到足夠母愛的女兒，我提出了許多努力方向，也幾乎能大幅減緩她們心中的負面情緒、罪惡感及恐懼。她們不再出現必須討好人的強迫傾向，也能擁有追隨自我需求而非取悅他人的人生。她們能擁有一群真正愛自己的親友，面對自己，也愈來愈有信心及勇氣。她們仍得每天努力地避免落入舊有習慣模式，想辦法確實主張自我，不過，一旦使用新方法展開人生，她們就很難想像再次回去過那種既痛苦又壓抑的生活。

然而，要是母親突然生病、年邁體衰，或者失去主要陪伴者，以上局勢可能被全盤推翻。一連串的危機可能會重新扯開舊傷口，破壞女兒精心規劃的自保計畫，隨之啟動的不只是不健康的舊有行為模式，還有埋藏在這些模式底下的渴望。

人生確實充滿了變數與挑戰，因此，我希望妳能在閱讀這個簡短的章節後，將內容記在心底，或許有一天會用上。以下提到的技巧，能確保妳持續走在正確的道路上，並在人生可能往不健康的方向動盪時，保護妳的幸福不受影響。

黛博拉：「我媽得了癌症。」

如果母親面臨衰老或人生巨變，成年女兒**一定**很難鼓起勇氣重新確認照護母親的責任範圍。就算之前已經小心地逐步調整了母女關係，甚至決心與無愛母親斷絕聯繫，也可能在遇到這種情況時備受折磨。比如無愛母親突然跌斷骨盆、得了致命疾病，或者打電話來哭著說：「妳爸快要死了！」妳為了保護自己而努力設下的界線該怎麼辦？

一切很可能因此退回原點。面對無助的母親，妳在設立界線時產生的罪惡感會捲土重來，想得到愛與認同的深層渴望也會再次浮現。

許多女兒在多方努力後，確實成功重建了生活，也變得更獨立、更有自信。作為一個獨立個體，她雖然感覺更強壯了，但當身陷危機的母親重新現身時，她仍可能落入舊有的行為模式。所有女兒都盼望能將危機化為轉機——說不定與死亡擦身而過或經歷巨大悲痛後，母親能有所頓悟，藉此改掉大半的無愛行為，也因此和女兒變得更親密。當然，我不能說沒有這個可能，但因為無法百分之百確定，我總提醒個案不要期望過高，只是如果還想修復母女關係，也不排除這是一個可能的契機。

黛博拉無論兒時或成年後，都曾遭受母親的言語凌辱，她之所以來找我諮商，是因為發現對孩子爆發的怒氣已經激烈到危險的程度。我們努力解除兒時經驗為她設定的羞愧、哀痛、怒氣，及其他具有傷害性的情緒模式，隨著療程進行，她也決定與母親維持表面上的茶會關係。「我不想讓孩子沒有外婆。跟我完全相反的是，他們只知道外婆好的一面，所以我們偶爾還是會邀請她來吃飯，但談的都是孩子。除此之外沒有其他來往。我們其實很少交談。」

結束諮商後六個月，她寫了封信給我：「我現在快樂多了。我無法改變過去，但目前過得很不錯。」

但幾年後，一個消息改變了一切。

「妳可以想辦法今天見我一面嗎？」黛博拉在電話中這麼懇求，「我得見妳。」

她在下班後回家的路上順道來找我。

她說：「我昨晚接到我媽的電話，她發現自己得了乳癌，應該是第二期，我不太確定。醫生講了一些淋巴結和化療之類的事……喔！老天，蘇珊。我整個晚上都在網路上搜尋相關知識，想知道我們有什麼選擇，也想知道目前需要做什麼。我的腦子就是轉個不停，但又太害怕了，也無法冷靜思考。我好怕醫生會發現更多問題……好怕她會死。」

「我真的很遺憾，黛博拉，」我告訴她，「確實有這個可能，妳必須做好心理準備。但我們得慢慢來，一次解決一件事。先把腦中的疑問列出來，找母親的醫生一一確認，畢竟我們必須得到確實的資訊，才能展開後續工作。另外，也可以利用醫院的諮商及其他相關資源。

「我了解妳，知道妳現在很想拋下一切，就為了隨時都陪在母親身邊。但妳有丈夫和年幼的孩子，生意也經營得很好，不可能就這樣丟下不管。所以我們現在來想想，妳能如何實際幫助到母親，又不至於毀掉自己的生活。」

無論兒時曾被如何惡待，當女兒看到母親受苦的直覺通常是出手相助，很難做出其他選擇。剛得知壞消息的前幾天（或幾週），她滿腦子想的都是各種疑問和未來規劃，自己、母親和身邊家人的情緒往往也非常激烈。她很可能會像顆陀螺般轉個不停。隨著母親的需求愈來愈多，她也可能會忘記必須顧好自己的日常生活。

不過重要的是，面對這類處境時，身為女兒的妳，必須一開始就把自己的需求放在那張看似無止境的待辦清單上。誰有辦法幫忙處理問題？隨著母親的需求愈來愈多，誰能跟妳一起扛起照顧的責任？誰能夠在情感上支持**妳**？就算妳深信自己是唯一能處理問題的人，就算身邊的人不停強化此信念，其實，永遠有人能幫忙——只是妳必須提醒自己在處理問題之初，就找出相關資源。

當然，說得永遠比做得容易。許多女性在面對類似處境時，往往還沒想好可以怎麼處理就先當機了。就拿黛博拉來說，她在得知母親生病的前幾天忙得團團轉，與其停下來休息並尋求援助，她寧可先逼自己一股腦地瞎忙。

母親接受治療一個月後，黛博拉來見我，看起來身心俱疲。

她說：「我媽的狀況還行，我得心懷感恩。醫生認為已經成功移除所有癌細胞了，但她還得接受大量化療，真的很累人。她真的被折磨得好慘呀！蘇珊，我只能好好照顧她，不能有任何怨言。」

我要求她告訴我最近做了些什麼，結果聽起來簡直像台高速運轉的機器。

她說：「嗯，這麼說吧，我現在每天得做的事多了幾件。我先把孩子載去上學，上班時順道去看我媽的狀況如何，要是她在吃飯，就問她是否還想吃些什麼。然後我一邊工作，一邊打電話找不同的醫生諮詢，同時在網路上搜尋臨床試驗的相關資訊。如果她需要去醫院，我就協助接送後再回來工作。然後我接孩子回家，做晚餐，為她準備食物，想辦法去看她一下，之後再為了親友趕回電腦前，把我媽的最新情況發布在網路上……接著，想辦法稍微搶救一下白天沒做完的工作。我還沒想出可以好好睡覺的規劃，也不知道哪天才可能好好吃頓午餐。」

這樣的負擔實在太大了，我說：「我光聽妳的描述就累了。」

她說：「沒什麼好抱怨的。其實我很高興能成為支持她的力量。她每次看到我都好開心。我知道只要我出現，她就能撐得比較不辛苦。她真的這樣說，蘇珊。她說不希望被陌生人照顧，**只想要我**。打從有記憶以來，她應該是第一次對我說『我愛妳』。」黛博拉的眼中湧起淚水。「我這輩子都在等她這麼說。」

我說：「我知道妳等了很久。妳可以盡情沉浸在母親的愛裡面。總之，只要母親持續付出溫暖、親密與感激，就好好享受，得到一天算一天。」

「我有努力這麼告訴自己。我知道這樣的好日子不見得會持續下去，但現在真覺得總算擁有一直以來渴望的母親了。」黛博拉說。

黛博拉就像許多女兒一樣，感覺此刻就像長久以來的禱告得到應驗。她們必須花費很大的力氣才能了解，自己親手建立的人生也需要關注。

「妳自己過得如何？」我問：「跟我談談家庭與生意的情況。」

黛博拉說：「這部分就不太好了。我因為提案遲交，快要失去一個能夠撐起明年業績的大客戶。孩子開始抱怨見不到我。傑瑞努力想體諒我，但還是很不滿，『妳媽一直以來都在傷害妳，**現在**只是因為病了，才突然變得對妳很好，但妳還是一發現她有需要就趕過去處理。』他覺得我姊應該回來幫忙，我們也應該雇人在家照顧媽。

「我快不行了，上禮拜還得了一場重感冒。我知道不可能再繼續這樣下去了。我想我畢竟不是女超人……但她是我母親，這可能是我跟她最後的相處機會了。」

當然，能夠滿足母親需求的不只有黛博拉。我告訴她，「妳必須擁有自己的人生。或許也得讓母親知道，妳會為她找一位看護，同時自己花費合理的時間照顧她，但不可能獨自扛下所有責任。妳不可能繼續這樣下去了。」

她說：「我不知道該怎麼辦，蘇珊，甚至不曉得該從何思考起。我不想失去她。」

「但妳也不該失去自我，」我說：「或許妳能做的最重要的一件事，」我告訴黛博拉，「就是主動尋求援助。對妳來說，這可能是最困難的挑戰之一。一邊是妳病重的母親，另一邊是妳必須照顧的事業與家庭。妳如果得全天候照顧一個人，就不可能有精力去處理其他的事。要是妳真的累垮了，又要怎麼幫助妳媽？我們來想想如何減輕妳的負擔，」我告訴她，「妳可以尋找其他資源分擔妳的工作，也可以雇人幫忙，假如經濟上有疑慮，試著找母親的朋友或教友一起幫忙。妳與其把時間用來瞎忙，不如用來尋求外援，還更有效率。」

我們做出了一張請她自己作答的問題清單：她母親擁有什麼資源？誰可以偶爾幫忙帶母親去做化療或看醫生？誰能幫忙處理母親的食物與居家照護工作？我指定了一些作業給

她，請她上網搜尋照護資源，並諮詢母親醫院的支持團體。

一旦開始進行這類工作，妳腦中的理智部分就會開始運作，接著列出：「我需要什麼？／她需要什麼？／誰能夠幫忙？」的清單，妳就能逐漸離開焦慮漩渦，開始尋找確切的解決方法。

黛博拉說：「傑瑞也說了類似的話。我知道他願意跟我一起面對，但我好怕一旦減少與母親相處的時間，她就會生氣。」

最後，黛博拉找了一家專門服務癌症病患的送餐機構，還找到願意偶爾載母親去做化療的義工。她母親有存款足以支付送餐服務，等到能夠吃一般食物之後，也能選擇向「送餐上門」機構（Meals On Wheels）訂餐。黛博拉找了一些社區大學的學生接送母親，他們還能在母親虛弱時，幫忙做點跑腿的雜事。

面對類似黛博拉的困境，不可能有人找到一勞永逸的簡單解決方式。不過，只要黛博拉願意承認自己無法——也不願意——獨自承擔母親的照護責任，就能找到呼吸的空間，也比較有辦法客觀地看待處境。

她說：「我想最困難的部分是承認自己無法解決所有的問題。我無法讓她好起來，無法滿足她的所有需求，也無法永遠待在她身邊，討她歡心。她發現有其他人來幫忙後並不開心，也比較不常對我微笑或說『我愛妳』了。治療過程很痛苦，她的情緒起伏也很大。上次我去看她時，她說：『我昨晚過得很糟，妳應該來陪我的。』我偶爾還是為了無法解決每個人的問題而內疚，但也只能量力而為。」

「沒錯，」我告訴她，「而且，照顧好自己並不算背叛母親。」

・付出多少才算足夠？

身為女兒，我們究竟該如何定義自己對母親的責任與義務？這是一個艱困的主題，尤其在面對黛博拉的處境時，身旁一定有很多自以為可以插手指導妳和母親的親友。但只有妳最清楚自己的能力到哪裡，而妳需要確保自己的身體與神智維持在健康的狀態。就算母親生病或守寡，都不該以此為藉口變得行為乖張。光是聽從她的指示與要求，就會帶給妳巨大壓力，妳沒有承擔生活被徹底打亂的義務。我知道這類狀況不好處理，但妳仍得努力保障自己的權益。

我並不是要妳完全拋棄生病或需要陪伴的母親，只是在幫助她的同時，妳得先將自己的腳步站穩，才能真正量力而為。

如果母親生病了，妳能做的就是與醫生保持聯繫，幫助她做出與治療相關的決定，而不是每天親自照顧她。

如果母親守寡，妳或許願意在開頭一個月花上大把時間陪伴，但之後仍得幫她尋找獨居與尋找友伴所需的資源。

無論面對多麼高壓的危機，妳都得找出對**自己**而言最健康的解決方法。正如我們談過與母親重新協商關係的注意事項，這一次，妳也得照顧自己的需求與界線。藉此，妳才能主動選擇以合理的程度與方式，對母親付出品質最好的照護及關愛。

別忘記妳的內在新能量

有些時候，儘管他人對「女兒」的定義及賦予的責任讓妳壓力甚大，但卻不至於無法忍受，於是妳選擇將自己的最佳利益放到一邊。因此，一旦母親面臨危機，而妳發現自己無法克制地符合他人期待，完全看不到自己的需求時，請想辦法找回妳的魄力、非防禦性溝通技巧，以及設立界線的能力。這些訓練能為妳爭取一些時間與空間，幫助妳依循個人最佳利益及內在智慧採取行動。

如果妳仍感到內疚或進退維谷，請記得長久以來，妳所得到的承諾很少兌現，需求也很少得到滿足。那個總被忽略的孩子仍活在妳的心中，但唯有看到她的存在，並努力展現自我，妳才有可能確切地走在痊癒之路上。每當妳把自己的需求放在他人之後，請重新提醒自己這件事：妳的幸福，只有妳自己能守護。

終章

找到內心那位好母親

這是一段漫長而艱辛的旅程，妳和許多無愛母親的女兒一起走過了痛苦童年，重新建立起屬於自己的人生。妳終於能憑藉內心的理性羅盤往前走，學會一整套表達自己需求的新技能，也終於能把人生，活成自己想要的模樣。

但如果妳跟我的許多個案處境類似，或許也會心想：我該怎麼重獲失落的母愛？如果我沒有經歷過母愛滋潤，又怎麼能健康地關愛他人？我能好好養育孩子嗎？

對母愛的渴望永遠不可能消失。妳在本書中讀到的情緒訓練都只是過程，不可能完美解決問題。即便完成了所有療程，妳仍可能發現內心隱隱渴求母愛，只是能將痛苦維持在可控制的範圍內——或許偶爾刺痛，但不像被刀砍那麼痛。

不過幸運的是，他人的母愛能量也能讓妳獲得撫慰及滋潤。對於未曾擁有過好母親的女性而言，身邊仍有許多人能扮演這個角色，比如：祖父母、外祖父母、其他親友、愛人，或者任何願意尊重並看重妳的人。他們付出的每一個微笑、每一句關愛話語，以及讚賞妳價值的所有作為，都能餵養妳的心靈。

每個女兒內心也有一個好母親，那股如同湧泉的力量不但能滋養妳，也能流向妳在生命中看重的所有人。妳能透過各種方法找到這股暖流：觀察身邊的母親，藉此精進自己付出「優質關愛」的技巧；記住自己感覺被愛的時刻，以及那種能夠真誠愛妳的人們；與自己內心受傷的小孩對話，並藉此彌補失落的母愛。隨著本書接近尾聲，讓我們稍微聊一下這些自我療癒的方式。

觀察身邊的母親

許多女性在成長過程中沒有得到適當的母愛照拂，雖然曾發誓絕不要變得像母親一樣，但往往因為害怕無法破除詛咒，而不敢生小孩。就算生了小孩，只要犯了點小錯——其實每個母親都會犯錯——她們就會覺得自己果然無法擺脫悲慘的命運。如果這些女性沒生小孩，往往也會害怕自己變得情感疏離、愛挑剔、跋扈或黏人，結果傷害到身邊的朋友與伴侶。

但我想向妳保證：妳跟母親是不同的個體。妳能夠意識到自身作為好壞，也有同理心，而她沒有。她可能會以糟糕的方式言語羞辱或懲罰妳，卻沒意識到傷妳多深，或者多麼讓妳感到窒息、被忽略或飽受欺凌。不管她做了什麼，總之都無法超越自身的需求與衝動，去真正關心妳的感受。不過，透過這些經驗，妳學到了寶貴的教訓：無論就理智或情感層面而言，妳都知道每個小孩或被愛的人該被如何對待。只是這段學習過程仍不免艱辛得令人感傷。

妳的教養本能沒有問題，也值得信任，但要是妳沒把握，可以透過觀察其他母親與小孩的互動，建立自信。

愛蜜莉曾長年受母親忽視，她很想要小孩，但又怕自己「缺乏當母親的天分」。上次我與她會面時，她意識到男友喬許給她的親密感不夠，而她需要更多，於是兩人為了挽救關係嘗試過各種方法，但最後還是決定放棄。不過，在她這次來找我的前六個月，她透過友人認識了一個對象，最近兩人決定認真交往。

「我們已經談到結婚和小孩的事了。」她告訴我，「最主要的問題癥結是，我就是不覺得……自己有資格當母親。我自己都沒被愛過，怎麼會懂愛孩子？我不希望生了孩子後卻莫名搞砸，而且根據過往紀錄，我大概什麼都做不好。」

我向愛蜜莉保證，在一起做過如此多的努力之後，她不用害怕生小孩。她的母愛直覺非常敏銳，所以放輕鬆，做自己就可以了。

為了幫助她了解這點，我給了她一項作業：花一個禮拜的時間，觀察周遭親友及陌生人與孩子的互動。「觀察那些有耐心的母親會怎麼做，也觀察那些易怒、沒耐心的母親會怎麼做。」我告訴她，「最棒的母親會時刻關注自己的孩子，在遊樂場時，她們會對在攀爬架上的孩子揮手，而不是忙著傳簡訊。她們保護孩子，但不過度黏人。注意她們如何在孩子努力嘗試時給予讚美，孩子是否成功並不重要。另外，注意她們管教孩子的方式。如果孩子犯錯，她會拿走孩子本來擁有的特權，但不會攻擊他們的尊嚴或自我價值。妳一定能輕易看出好母親與壞母親的差別。記住：只要妳能辨認出關愛行為，就表示擁有仿效的能力。」

愛蜜莉接受我的建議，並在下一次會面時，回報了她的觀察心得。

她說：「我在禮拜六早上去了住處附近公園的遊樂場，那裡有很多媽媽。一開始，我獨自坐在長凳上觀察孩子，他們都好棒，渾身都是歡樂的活力，聲音好有精神！接著我開始觀察媽媽，發現很多媽媽的心都不在小孩身上。我發現有個小女孩爬到溜滑梯頂端，努力想吸引媽媽的注意力，但她媽媽只是盯著自己的手機。不過，有幾個母親似乎跟我一樣，光是看著孩子就開心。她們雖然不是每一秒都盯著孩子，但就像孩子的補給基地，每次孩子要展開新的冒險旅程之前，都能回到這裡得到母親的一個擁抱。他們彼此交換的笑容實在太棒了，我好喜歡。我就想當那樣的母親。」

我也鼓勵讀者嘗試這種方法，妳可以多去看看健康流動的情感是什麼模樣。無論有沒有小孩，或者小孩是否成年，這種方法都能幫助妳改善各種關係。妳可以從好母親與小孩的互動中，吸收到混合了自由、關愛與肯定的情感連結能量，這些能量，能幫助妳進一步了解真愛該有的樣子。

如果妳考慮成為母親，或想加強教養孩子的技巧，我強烈建議妳去尋求現存眾多相關資源的協助。妳身邊有很多好的精神導師與楷模，無論妳選擇在線上媽媽論壇提問，或者和朋友的孩子到公園玩，總之都是向各種母親學習的好機會，也能感受孩子帶來的奔放生命能量。假如妳現在還不是母親，可以先試著從當鄰居孩子的「好阿姨」開始嘗試，或者帶隊照顧校外教學的二年級小朋友。若妳已經是個母親了，不要自我封閉，多與其他母親來往，也不要害怕向她們提出內心的疑問或憂慮會顯得軟弱。妳不必獨力奮鬥。

記得，身邊還有真正愛妳的人

真正愛妳的人會珍惜、尊敬、接受並鼓勵妳。妳會因此感到安全，並因為做自己而感到喜悅。妳的母親或許無法給妳這種關愛，但來自他人的關愛一樣美好。為了重溫這種感受，妳可以回想自己曾被人真正珍愛的時光，閉上雙眼，直到那些感受重新湧上心頭。

【好母親練習】

妳可以透過「好母親練習」增強這種感受，視覺化技巧更能快速讓妳體驗到愛的力量。詳細的練習方式如下：

安靜坐在一個不會被打擾的舒適所在，回想一個曾在妳生命中扮演好母親角色的人。對方可能是一個阿姨、老師或奶奶，她們不只能友善地對待妳、尊重妳，也總是願意確保妳過得幸福。閉上眼睛，想像妳是個小女孩坐在沙灘上，前方波光粼粼的海浪正輕柔拍打海岸。現在想像那個好母親一臉微笑地走向妳，雙眼發亮的她說見到妳真的好開心。她跑向妳，把妳抱起來，妳把臉埋進她的肩膀，覺得好安全，覺得被看顧。盡可能保持這種狀態與心情，時間愈久愈好。

現在，想像自己成為那個好母親。想像妳抱著那個小女孩——也就是妳——然後大聲說：「我愛妳，甜心，妳是我的珍寶。妳是一個美好的孩子。我很高興妳是我的女兒。我的人生因為有妳而豐富。**我真的好愛妳。**」

我們都該擁有這樣一個母親，但現實往往相反。

我的許多個案常在第一次進行這項練習時心碎不已，但我要她們在家反覆練習，直到傷痛逐漸減緩為止，而傷痛也確實會減緩。妳的無意識心靈就像一塊海綿，會吸收妳發送出的所有訊息。因此，只要妳送出夠多「好母親」訊息，妳的大腦和心靈中的舊有傷人訊息（例如：妳是個糟糕的女孩，什麼事都做不好）就會被排擠後消失。

・安撫心中受傷的小女孩

為了進一步深化重溫母愛的效果，我們可以寫信給內心那個受傷的小女孩。正如同「好母親練習」一樣，妳能透過這封信汲取內在的好母親能量，並用來安撫曾經受傷的自己。這封信的目的是直接向妳的舊傷喊話，以言語滿足那個小女孩一直以來的渴望。

妳可以在信中寫出所有曾希望母親對妳說的話。妳可以告訴那個小女孩，她現在很安全，她是被愛著的，妳也會永遠支持她。就算現在沒小孩，或者沒打算生小孩，我還是建議妳寫這封信，因為妳必須安撫並認可過去的自我，才有辦法真正付出深刻又寬廣的愛，而不只是以黏膩、絕望及恐懼綁住別人。

以下是愛蜜莉的信件節錄。透過這個例子，我們可以發現讓孩子重溫母愛，不只能拯救兒時的妳，也能拯救成年的妳。

親愛的小愛蜜莉：

我很遺憾妳小時候過得不好。我也很遺憾母親始終不夠關愛妳。我很遺憾妳從未得到親密的擁抱。我很遺憾妳媽媽從沒跟妳做過什麼開心的事，例如一起讀書、一起吃午餐或一起看電影。如果我能成為妳的母親，我一定會每晚送妳上床，親吻妳，讓妳知道我多愛妳，以及妳對我的獨特重要性。我希望能一直陪著妳。只要妳哭泣，我就會讓妳倚著我的柔軟胸口，輕輕抱著妳搖晃，然後說：「沒事，沒事，我知道妳現在既傷心又生氣，沒關係，我的小親親。好好哭出來吧！」

妳內心的女孩對愛渴望已久，妳能給她愈多愛，就愈有辦法對妳的伴侶、親友以及孩子付出愛。透過這個過程，妳不只改變了自己，也改變了周遭世界和之後幾代人的生活。不用擔心妳努力獲取的愛終有一天會用完、減少或消失，愛就像信鴿，飛出去後一定會回來。

現在妳已經了解，真愛不會讓妳覺得不值得愛，也不會讓妳自覺是個有問題的人。愛會讓妳感覺溫暖又安全，會讓妳的人生變得更美好，而非更糟。

請記住：妳也有辦法跟別人建立充滿愛的關係。母親或許沒有給妳足夠的愛，但只要學習為自己補充母愛，妳就有能力付出並接受渴望已久的溫柔與關懷。妳已經改變了，也成長了。妳是一個能夠愛的人。

致謝詞

我不是一個喜歡把致謝詞寫得很長的人，不過這本書之所以能夠完成，確實仰賴了幾位關鍵人物的幫忙，我想感謝他們。

首先是我極有天分的寫作夥伴唐娜．費瑟，她一如往常地為我提供了不少建議與支持的力量。這是我們一起寫的第四本書，但我們不只沒鬧翻，還比以前更親近了。

再來是我如同戰士般勇猛的經紀人喬列．德爾波戈，從擔任我前兩本書的編輯開始，她就始終對我及我的作品抱持信心。我是一個情緒化的作者，她的存在總能為我帶來安定的力量。

當然還有現任編輯蓋兒．溫斯頓，她的編輯技巧卓越，從一開始就給了我不少方向上的建議。我真的很感謝她。

除了工作上的合作夥伴，我也想感謝女兒溫蒂和她的另一半詹姆斯．麥凱，因為他們的愛、幽默感及不屈不撓的支持，我的生命才得以溫暖豐盈。

最後，我想深深感謝那些願意與我分享故事的個案，也對她們療癒母愛創傷的勇氣致上敬意。

國家圖書館預行編目資料

母愛創傷——走出無愛的陰影，給受傷女兒的人生修復書／蘇珊・佛沃（Susan Forward, PhD），唐娜・費瑟（Donna Frazier Glynn）著; 葉佳怡譯.
——初版.——臺北市：寶瓶文化, 2017.12
面；公分.——（Vision; 153）
譯自：Mothers Who Can't Love: A Healing Guide for Daughters
ISBN 978-986-406-107-5（平裝）
1.心理創傷 2.心理輔導 3.母親 4.親子關係
178.3 106022840

寶瓶 AQUARIUS

Vision 153

母愛創傷——走出無愛的陰影，給受傷女兒的人生修復書

作者／蘇珊・佛沃（Susan Forward, PhD）、唐娜・費瑟（Donna Frazier Glynn）
譯者／葉佳怡

發行人／張寶琴
社長兼總編輯／朱亞君
副總編輯／張純玲
資深編輯／丁慧瑋　編輯／林婕伃
美術主編／林慧雯
校對／丁慧瑋・陳佩伶・劉素芬
營銷部主任／林歆婕　業務專員／林裕翔　企劃專員／李祉萱
財務／莊玉萍
出版者／寶瓶文化事業股份有限公司
地址／台北市110信義區基隆路一段180號8樓
電話／(02)27494988　傳真／(02)27495072
郵政劃撥／19446403　寶瓶文化事業股份有限公司
印刷廠／世和印製企業有限公司
總經銷／大和書報圖書股份有限公司　電話／(02)89902588
地址／新北市新莊區五工五路2號　傳真／(02)22997900
E-mail／aquarius@udngroup.com

法律顧問／理律法律事務所陳長文律師、蔣大中律師
如有破損或裝訂錯誤，請寄回本公司更換
著作完成日期／二〇一四年
初版一刷日期／二〇一七年十二月二十五日
初版六刷+日期／二〇二二年一月五日
ISBN／978-986-406-107-5
定價／三五〇元

AQUARIUS 寶瓶 文化事業

愛書人卡

感謝您熱心的為我們填寫，
對您的意見，我們會認真的加以參考，
希望寶瓶文化推出的每一本書，都能得到您的肯定與永遠的支持。

系列：Vision153　**書名：母愛創傷——走出無愛的陰影，給受傷女兒的人生修復書**

1.姓名：＿＿＿＿＿＿＿＿　性別：□男　□女

2.生日：＿＿＿年＿＿＿月＿＿＿日

3.教育程度：□大學以上　□大學　□專科　□高中、高職　□高中職以下

4.職業：＿＿＿＿＿＿＿＿

5.聯絡地址：＿＿＿＿＿＿＿＿＿＿＿＿＿＿＿＿＿＿＿＿

聯絡電話：＿＿＿＿＿＿＿＿　手機：＿＿＿＿＿＿＿＿

6.E-mail信箱：＿＿＿＿＿＿＿＿＿＿＿＿＿＿

□同意　□不同意　免費獲得寶瓶文化叢書訊息

7.購買日期：＿＿＿ 年 ＿＿＿ 月 ＿＿＿日

8.您得知本書的管道：□報紙／雜誌　□電視／電台　□親友介紹　□逛書店　□網路　□傳單／海報　□廣告　□其他

9.您在哪裡買到本書：□書店，店名＿＿＿＿＿＿　□劃撥　□現場活動　□贈書

□網路購書，網站名稱：＿＿＿＿＿＿＿＿　□其他＿＿＿＿＿＿

10.對本書的建議：（請填代號　1.滿意　2.尚可　3.再改進，請提供意見）

內容：＿＿＿＿＿＿＿＿＿＿＿＿

封面：＿＿＿＿＿＿＿＿＿＿＿＿

編排：＿＿＿＿＿＿＿＿＿＿＿＿

其他：＿＿＿＿＿＿＿＿＿＿＿＿

綜合意見：＿＿＿＿＿＿＿＿＿＿＿＿＿＿＿＿＿＿＿＿＿＿＿＿

11.希望我們未來出版哪一類的書籍：＿＿＿＿＿＿＿＿＿＿＿＿＿＿＿＿

讓文字與書寫的聲音大鳴大放

寶瓶文化事業股份有限公司

（請沿此虛線剪下）

廣　告　回　函
北區郵政管理局登記
證北台字15345號
免貼郵票

寶瓶文化事業股份有限公司　收

110台北市信義區基隆路一段180號8樓

8F,180 KEELUNG RD.,SEC.1,

TAIPEI.(110)TAIWAN R.O.C.

（請沿虛線對折後寄回，或傳真至02-27495072。謝謝）